Brigitte Hueber

Menschen und Sterne

BRIGITTE HUEBER
MENSCHEN UND STERNE
Emotionen im Spiegel der Planetensymbole

SiGNUM

Besuchen Sie uns im Internet unter
www.signumverlag.de

© 2008 by Amalthea Signum Verlag GmbH, Wien
Alle Rechte vorbehalten
Schutzumschlag: g@wiescher-design.de
Satz: Fotosatz Völkl, Inzell/Obb.
Gesetzt aus der 10,8/13 Punkt Optima
Druck und Binden: CPI Moravia Books GmbH
Printed in EU
ISBN: 978-3-85436-406-1

Inhalt

Einleitung 9
Vorwort 11
Ein Überblick 15
Begriffliche Grundlagen 21

TEIL 1

Das Horoskop

Persönliche Punkte wie Aszendent und
Medium Coeli 27
Der Erdort 31
Der Tierkreis 32
Die vier Quadranten 34
Die astrologischen Felder oder Häuser ... 35

Die Tierkreiszeichen

Der erste Quadrant 37
Widder 38
Stier 39
Zwilling 40

5

Der zweite Quadrant 41
Krebs 42
Löwe 43
Jungfrau 44
Der dritte Quadrant 45
Waage 46
Skorpion 48
Schütze 49
Der vierte Quadrant 50
Steinbock 51
Wassermann 53
Fische 55

Planeten

Sonne 57
Mond 59
Eklipsen 61
Merkur 63
Venus 65
Mars 66
Jupiter 68
Saturn 69
Uranus 70
Pluto 71
Neptun 72

Aspekte

Weltharmonik 75
Mathematische Proportionen 76
Die vier Hauptaspekte: Prime, Oktave, Quinte,
Quarte 79

TEIL 2

Meine statistischen Ansätze 85
Jupiter 91
Saturn 97
Mars 103

TEIL 3

Schlußbemerkung 163
Glossar 165
Literatur 167

Einleitung

Dieses Buch ist für all jene gedacht, die der Astrologie kritisch gegenüberstehen, sie dennoch nicht a priori als Aberglaube abtun und bereit sind, das eine oder andere Argument einmal anzuhören beziehungsweise zu lesen.

Möglichkeiten wie auch Unmöglichkeiten der astrologischen Vorhersage sollen hier dargelegt werden. Um dies auf seriösem Untergrund aufzubauen, wird im zweiten Kapitel der wissenschaftliche Weg, welcher zu signifikanten Ergebnissen geführt hat, aufgezeigt.

Das Hauptanliegen dieses Textes sollte die Übersetzung einer trockenen, wissenschaftlichen Untersuchung in ein allgemein verständliches Werk sein.

Diese wissenschaftliche Untersuchung war notwendig, um eine seriöse Basis zu schaffen, und sie beweist, statistisch eindeutig nachweisbar, die Gleichzeitigkeit astrologischer Ereignisse mit menschlichen Emotionen.

Die Untersuchung der astrologischen Thematik war mir ein Anliegen, da ich zunächst einen kritischen Zugang zu ihr hatte und beweisen wollte, dass Astrologie keine wissenschaftliche Berechtigung hat.

Vorwort

Esoterik, Rebirthing, Tantra, Rückführung, Reise nach innen und Astrologie, alles Schlagworte, mithilfe derer ein Großteil der Bevölkerung die vermeintliche Sinnlosigkeit des Daseins zu überwinden sucht. Meist ist dies mit enormer Erleichterung der Brieftasche verbunden, wobei die Bewertung dieser Aktivitäten mit dem dafür angesetzten Preis steigt. Niemand würde eingestehen, viel Geld ausgegeben zu haben für etwas, das nicht sinnvoll oder wertvoll ist. Dies ermöglicht den »Selbsterfahrungsseminaren«, ausreichend Publikum zu »schnappen«.

Eines dieser »Esoterikgebiete«, nämlich die Astrologie, versuche ich nun näher zu durchleuchten, da ich mich nach etwa 30-jähriger aktiver Beschäftigung damit als ausreichend informiert fühle *(Hueber, »Empirische Untersuchung über den Gehalt astrologischer Symbolik in Übereinstimmung mit erlebter Situation«, Diplomarbeit an der Universität Wien).*

Astrologie nimmt einen großen Platz im Erleben und Verhalten vieler Menschen ein. Der Trend ist steigend, und man begegnet kaum Personen, die über ihre eigenen horoskopischen Qualitäten nicht Bescheid wissen. Zumindest das Sonnenzeichen (Stand der Sonne im Tierkreis), oft auch den Aszendenten (aufsteigender Grad im Geburtsmoment) vermögen viele Menschen zu beschreiben.

Das Interesse steigt mit der Möglichkeit, gute Zeitqualitäten sinnvoll zu nutzen. – Für schwierigere Zeitabschnitte ist die Astrologie eine erleichternde Erklärung, kann astrologische Vorhersage doch bisweilen auch zu praktischer Schulddelegation verwendet werden.

Immer wieder bemühen sich Wissenschafter, die Komplexität astrologischer Geschehnisse teils durch physikalische, teils durch statistische Daten zu untermauern beziehungsweise ad absurdum zu führen. Andere Kritiker versuchen, Erfahrungen, die den möglichen Zusammenhang astrologischer Gegebenheiten mit irdischen Vorkommnissen postulieren, zu vernichten.

Durch die tiefe Verbundenheit der Wissenschaft mit dem Behaviorismus habe auch ich einen Versuch unternommen, eine empirische Überprüfung der Übereinstimmung zwischen Transiten und menschlichen Empfindungen durchzuführen. – Es ist ein Versuch, die Sichtweise für »nicht sofort Messbares« toleranter zu gestalten.

Meine Arbeit zählt zu den statistischen Untersuchungen, die das Zusammenspiel zwischen Transiten und menschlichen Befindlichkeiten genauer auf den Grund gehen sollte. Sie liefert eindeutig signifikante Ergebnisse, dass die Tönung der menschlichen Emotionen eine deutliche Koinzidenz mit den himmlischen Konstellationen aufweist. Es wurde die eindeutig messbare Aussage getroffen, dass menschliches Erleben mit der Transitqualität mitschwingt. Das heißt: die emotionale Befindlichkeit der untersuchten Personen passte hochsignifikant häufig mit der symbolischen Qualität der Planeten zusammen. Dieses Ergebnis hat nicht in die behavioristische Einstellung der Diplomarbeitsprüfer gepasst. Von wissenschaftlicher Seite wurde alles unternommen, um die Ergebnisse anderen Ursachen zuzuschreiben. – Dennoch: Die Ergebnisse waren eindeutig und blieben auch nach allen Variationen der möglichen anderen Ursachensuche signifikant.

Das Erstaunen anerkannter Wissenschafter, dass Befindlichkeiten sich signifikant in Richtung der Qualität der Transite ändern, war echt und berechtigt.

Die Kausalität dieses Geschehens ist nicht Gegenstand dieser Untersuchung. Das heißt, die Untersuchung wartet mit keiner Erklärung auf, warum dies so ist, sie zeigt lediglich die zeitliche Übereinstimmung von Transiten und in dieser Charakteristik gefärbten Emotionen. Ansätze für mögliche Ursachen dafür kann man in *Landscheidt* nachlesen.

Sämtliche Fachausdrücke werden im Glossar erklärt.

Brigitte Hueber
Wien, November 2008

Ein Überblick

Die Astrologie zieht sich durch die Jahrtausende der Geschichte. Ein Horoskop oder eine Stundenschau wurde für besondere Ereignisse oder für sehr wichtige Geburten von alters her angefertigt.
Die Astrologie wurde bereits 3000 vor Christus von Priestern ausgeübt.
Die »Tetrabiblos« des *Claudius Ptolemäus*, ein etwa 100 Jahre nach Christus in Ägypten lebender Mathematiker, Astronom, Astrologe, Musiktheoretiker und Philosoph, bilden in ihrer Übersetzung heute noch ein Standardwerk für Astrologieschüler.
Eine weitere Blütezeit erlebte Astrologie zur Zeit des Kaisers Augustus und Tiberius, wobei vor allem das Lehrbuch Astronomicon libri V. des *Marcus Manilius* (Astrologe und Dichter) eine Grundlage der Lehre bildete.
Syrische und arabische Astrologen, unter anderem der Arzt und Philosoph *Abu Maschar*, prägten die astrologischen Techniken.
Die Weisen aus dem Morgenland waren laut heiligem Hieronymus Astrologen, die aufgrund der außergewöhnlichen Gestirnkonstellation die Suche nach der bedeutenden Geburt antraten.
Bis zum vierten Jahrhundert nach Christus waren Astrologie und Astronomie nicht zu trennen. Nach dem vierten Jahrhundert war Astrologie gleichbedeutend mit Sterndeutekunst. Sterndeutekunst bezieht sich auf die Vorhersagemöglichkeit von Weltereignissen wie Krieg und Frieden und das Schicksal wichtiger Herrscher.

Die Astrologie beeinflusste die abendländische Alchimie, Astronomie, Medizin, Philosophie und Theologie bis in das siebente Jahrhundert. Päpste wie Julius II., Paul III. und Leo X. waren Astrologen.

Im Mittelalter erlebte die Astrologie eine weitere Blütezeit. In England lebte im 16. Jahrhundert der Mathematiker und Astrologe *Nicholas Kratzer*, welcher für Heinrich VIII. Prognosen anfertigte. Dr. *John Dee*, Alchimist, Hellseher und Spiritist, war sein Nachfolger. *Johannes Kepler*, Astronom, »Kaiserlicher Mathematikus« und Zeitgenosse von *Tycho de Brahe* und *Galileo Galilei*, war Astrologe von Wallenstein. Wallenstein beschäftigte weiters auch *Giovanni Baptista Zeno*, der in Schillers Trilogie als Seni auftritt. *Johannes Morinus*, ein französischer Philosoph, Arzt, Astrologe und Mathematiker, war Berater Richelieus und Ludwigs XIII.

Nach dem 16. Jahrhundert folgte eine Zeit, in der die Astrologie bis zur Aufklärung im 18. Jahrhundert starker Kritik unterworfen und mit Magie und Zauberei abgetan wurde. Nicht nur die Geisteshaltung, sondern auch der breitere Zugang zum Volk führte zu einer Vermengung mit Lehren wie Kabbala, Hieroglyphen-Vorhersage, Kartenaufschlagen etc. Zahlreiche Schwindler wie auch viele Gelehrte, die der Astrologie ernsthaft verfallen waren, machten nun das Feld der Sterndeutekunst aus.

Im 19. und 20. Jahrhundert fand die Astrologie Eingang in die Tiefenpsychologie von *C. G. Jung*. Er setzte sich mit der Synchronizität von Ereignissen mit bestimmten Planetenkonstellationen auseinander. *C. G. Jung*, welcher sich eingehend mit der Astrologie befasste, ist wohl deshalb noch nicht in die Riege der ernst zu nehmenden Wissenschafter eingereiht, da man ihm die mangelnde Wissenschaftlichkeit seiner Thesen vorwirft. Dennoch arbeiten Psychotherapeuten und Psychologen mit seiner Symbolik recht erfolgreich.

Die im 19. Jahrhundert stattfindende Verbreitung führte zwangsweise zur Verflachung. Die Astrologie wurde mit Kartenaufschlagen und Wahrsagen in einen Topf geworfen, Menschen, die sich dennoch damit beschäftigten, wurden a priori als nicht normal, etwas skurril oder einfach als Spinner abgetan.

1875 gründete *Helena Blavatsky* in New York die Theosophische Gesellschaft und rückte das Bild der Astrologie wieder ins Rampenlicht des Interesses.

Der Verlauf von Schicksalen und letztendlich auch Beschreibungen von Charakteren wurde Inhalt astrologischer Beratungen.

Die zugrunde liegende Anschauung war: Die Welt sei ein System, in dem alle Teile durch Ähnlichkeiten miteinander verbunden seien.

Am 24. September 1908 wurde die älteste astrologische Vereinigung Europas in Wien gegründet: die »Österreichische Astrologische Gesellschaft«, die im Jahre 1941 von der Gestapo aufgelöst wurde.

Hitler verbot alle okkulten Aktivitäten, inklusive Astrologie. Er selbst aber gründete ein Dezernat für Astrologie in der Reichsschrifttumskammer, welches jedoch geheim gehalten und zu Propagandazwecken verwendet wurde. Absichtlich falsch gestellte Informationen sollten die Kampfmotivation heben *(Qualität der Zeit).*

Francesco Waldner, ein italienischer Astrologe, war ein Berater Hitlers, wie er mir persönlich 1989 berichtete.

Etwa die vergangenen 30 Jahre sind vom Schlagwort »Astrologie für jedermann« geprägt. Längst ist die Astrologie nicht mehr nur Sache für Herrscher und Staatsgeschicke, vielmehr ist das Wissen um persönliche Konstellationen häufiges Thema breiter Gesellschaftsschichten. Die Computerindustrie verhilft zur Erleichterung der rechnerischen Grundlagen, sodass ein Horoskop rasch erstellt werden kann, und unzureichend ausgebildete Astrologen meinen, ohne Vorwissen solch eine Grafik interpretieren zu können. Diese Verflachung brachte der Astrologie den aktuellen fragwürdigen Ruf ein.

Seit 1997 gibt es in der »Österreichischen Astrologischen Gesellschaft« eine Prüfung, die durch das Absolvieren mehrerer Kurse, das Schreiben einer Arbeit, umfassende astronomische Kenntnisse und Verfassen eines Gutachtens bestanden werden kann. Auf diese Art wollen diese Patentinhaber beziehungsweise »autorisierten Astrologen« von den »unwürdigen« Astrologen (Automatenhoroskope, Zeitungshoroskope etc.) unterschieden werden. Dies ist ein erster Schritt, eine Differenzierung zu setzen zwischen den niveaulosen Gelegenheitsastrologen und denen, die zumindest mit einem Fundament des Grundwissens ausgestattet sind.

Seriöse wissenschaftliche Untersuchungen über Astrologie rückten kaum ins Licht der Öffentlichkeit, geschweige denn gelangten sie in Bibliotheken von Universitäten. Bislang wurden zwar immer wieder Ansätze wissenschaftlicher Untersuchungen über Astrologie von Nichtastrologen durchgeführt, die zwangsweise fehlschlagen mussten, da dies ohne Feldkompetenz unmöglich ist. Ich maße mir ja auch nicht an, eine wissenschaftliche Studie über zum Beispiel Melanome zu schreiben, ohne vorher Medizin studiert zu haben.

Eine bemerkenswerte Arbeit ist die des ehemaligen Psychologieprofessors an der Sorbonne in Paris, *Prof. Michel Gauquelin.*

Die Untersuchungen *M. Gauquelins* wurden bislang von der Wissenschaft nicht wahrgenommen, obwohl seine Arbeiten über die Berufsbezogenheit von Planetenstellungen eine klare Aussage treffen. Zudem wurde die Arbeit von *Gauquelin* von *F. Stark* repliziert. Seine Ergebnisse lieferten die gleiche Erkenntnis, nämlich, dass bestimmte Planetenkonstellationen bei bestimmten Berufen auffallend ähnlich stehen. – Astrologisch heißt dies, dass bestimmte Berufe, zum Beispiel Sportler und Soldaten, den Planeten Mars (mythologisch der Kriegsgott) im Aufgang oder in Kulmination aufweisen.

Es stimmt nachdenklich, wenn wissenschaftliche Wahrheitskriterien, wie zum Beispiel die Statistik, nicht imstande sind, die Gelehrtenschar umzustimmen und Beweismaterial zuzulassen. Dies zeigt eine Einstellungsfixierung, die lediglich Angst vor unpopulistischen Ansichten darstellt. Umso mehr schätze ich die Aufgeschlossenheit und den Mut *Professor Giselher Guttmanns*, meinem Wunsch, eine Diplomarbeit über Astrologie zu schreiben, nachzugeben. So kam es zum Thema: Empirische Untersuchung über den Gehalt astrologischer Symbolik in Übereinstimmung mit erlebter Situation.

Begriffliche Grundlagen

Horoskop – damit verbindet der Großteil der Menschen die Seite in der Zeitung, in der mögliche und unmögliche Ereignisse beschrieben werden. Nur selten zieht man in Betracht, dass die Astrologie eine durch Jahrtausende betriebene Erfahrungswissenschaft ist.

Wenn man diese Wissenschaft ernsthaft betreiben will, sind die minutengenaue Geburtszeit und der genaue Geburtsort vonnöten. Erst dann kann man ein Abbild der Zeitqualität der Geburt oder eines Ereignisses anfertigen. Dann erst kann ein richtiges »Lesen« und Interpretieren der vorhandenen Konstellationen zustande kommen.

Bei Betrachtung eines Horoskops ergeht es einem wie mit dem Lesen einer medizinischen Durchuntersuchung. Der eine oder andere Wert ist grenzwertig, manche fallen in einen pathologischen Bereich, der Großteil entspricht den Normwerten der Bevölkerung. Um einen solchen medizinischen Befund zu verstehen, muss man einen Einblick in die biochemische Terminologie haben beziehungsweise sogar über Ursachen und Untersuchungsgang ein wenig Bescheid wissen.

Auch für einen astrologischen Laien ist es durchaus von Nutzen, wenn er über die Symbolik astrologischer Zeichen, der Planeten und der Tierkreiszeichen Bescheid weiß. Daher werde ich mich kurz fassen, aber doch versuchen, dem Leser die mir am klarsten erscheinenden Definitionen astrologischer Fachausdrücke wiederzugeben. Auch die Interpretationen, wie man zu welchen Aussagen kommt, sollen kurz erläutert werden.

TEIL 1

Das Horoskop

Ich möchte hier festhalten, dass ich mich nur auf wichtigste Begriffe beschränke, da dieses Buch nicht den Anspruch erhebt, ein ausreichendes astrologisches Wissen zu vermitteln, sondern nur einen Einblick in astrologische Ereignisse. Horoskop bedeutet: Stundenschau. Gemeint ist damit die qualitative Betrachtung eines Augenblicks, abhängig vom Ort. Dieser Moment kann die Geburt eines Menschen ebenso zum Inhalt haben wie den Augenblick einer Vertragsunterzeichnung oder irgendeiner anderen Begebenheit.

Das Horoskop, welches auf den Moment des ersten Atemzugs eines Menschen erstellt wird, wird auch Radix bezeichnet. Es ist die »Wurzel« für weitere Berechnungen.

Persönliche Punkte
wie Aszendent und Medium Coeli

Die persönlichen Punkte eines Horoskops beruhen auf astronomischen Gegebenheiten. Durch die Drehung der Erde um die eigene Achse, die Tagesrotation der Erde, beschreibt jeder Geburtsort einen Kreis, parallel zum Erdäquator. Aus der Sicht der Erde wird der Schein erweckt, als ob sich der Fixsternhimmel um die Erde drehe. Lediglich die Himmelspole erscheinen fixiert.

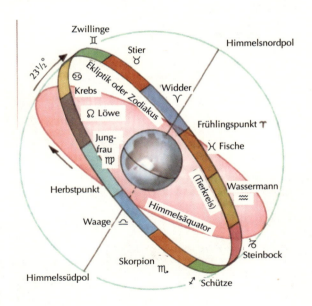

J. Hermann, Lexikon Himmelsäquator und Tierkreiszeichen

Der im Aufsteigen begriffene Punkt am Horizont zur Geburtszeit ist der Aszendent, der am höchsten stehende Punkt im Augenblick der Geburt heißt Medium Coeli, es ist der kulminierende Punkt.

Das Medium Coeli

Medium Coeli ist die Himmelsmitte und das Ziel

Das Medium Coeli wird durch Berechnung mithilfe der Sternzeit bezogen auf die geografische Position des Geburtsorts festgestellt. Es ist der Schnittpunkt des Meridians mit der Ekliptik für einen gegebenen Augenblick. Der »Meridian« steht senkrecht auf dem wahren Horizont und geht durch den Südpunkt desselben über den Zenit, den Nordpol und den

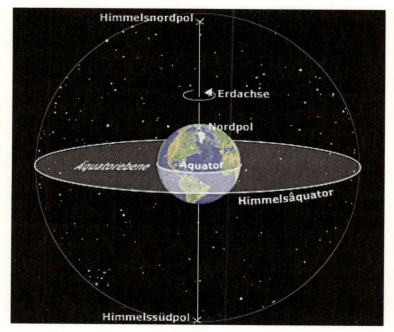

Der Sterngucker

Nordpunkt zum Nadir und von dort über den Südpol zurück zum Südpunkt des Horizonts *(Karl Prandler – Pracht)*. Das Medium Coeli entspricht dem Schnittpunkt des Meridians mit der Ekliptik. So viel zur astronomischen Hintergrundinformation des Medium Coeli, dem Himmelsmittelpunkt im Horoskop. Daher bedeutet er auch das Ziel im menschlichen Leben oder das Ziel eines Vertrags. Es beschreibt den kulminierenden Punkt im Horoskop.

Der Aszendent

Der aufsteigende Grad, auch Aszendent bezeichnet, wird durch den Schnittpunkt des wahren Horizonts mit der Ekliptik berechnet. Er gilt als wichtigster Parameter bei der Interpretation und wird als Kraftimpuls der Bewegung, Gestaltung und Ausfüllung des gesamten Lebens-Zeit-Raums gesehen *(S. Belcsak)*.

Aszendent ist der Kraftimpuls

Der Aszendent entspricht dem qualitativen Inhalt des aus dem Kollektiv herausgeholten Teils, aus dem Wert und Weg geformt werden. Das heißt, durch die Stellung des Aszendenten erhält der potenzielle Inhalt einer Sache oder einer Geburt seine Qualität. In Organisationen zeigt sich darin die Qualität des Unternehmens. Der Aszendent eines Staates zeigt die Hauptcharakteristik dieses Landes. So hat zum Beispiel die erste Nennung Österreichs einen Aszendenten in der Waage. Waage ist ein Zeichen, welches sich stark nach der Umwelt orientiert, Beziehungen als höchst wichtig erachtet und die Bühne darstellt. Die Stärke, die Österreich durch die Parole »tu felix austria nube« erlangte, die Freude an Festen und Bällen, die Teil des Weltruhms des Landes ausmachen, bezeugen dies. Man denke nur an den Opernball oder den unvergleichlichen Silvesterpfad. Eine Firma mit Aszendent Waage eignet sich gut für kosmetische Artikel oder als Heiratsvermittlungsinstitut. Die NATO, ein

Verteidigungsbündnis, das auch in andere Länder eindringt, hat einen Aszendenten im Skorpion. Skorpion ist ein Zeichen, welches mit Eindringen und Kämpfen, »Sich-immer-wieder-unter-Beweis-stellen-Müssen«, beschrieben wird.

Im Kraftimpuls des Aszendenten sitzt die Motivation. Hier beginnt eine Sache – was daraus wird, kann man aus den restlichen Horoskopdaten erkennen.

Der Erdort

Der Erdort, auf den das Sternbild für einen bestimmten Augenblick berechnet werden soll, ist auf seine Lage auf der Erdkugel zu untersuchen. Diese Lage wird als geografische Position bezeichnet. Sie wird durch Längen- und Breitengrade definiert. Der Erdort beschreibt die rein geografische Position des im Horoskop dargestellten Inhalts.

Erdort beschreibt die geografische Position

Der Tierkreis

Tierkreis beschreibt die 12 x 30° eines Sternzeichens

Der Tierkreis wird in der Astrologie als Maß verwendet *(Klöckler)*. Die scheinbare Sonnenbahn (Ekliptik), die eigentlich die Erdumlaufbahn darstellt, wird in zwölf Teile zu je 30° geteilt.

Der Winkel, den die Erdachse und die Ekliptik einschließen, beträgt 23°27'. Die Schnittpunkte der Ekliptik mit dem Himmelsäquator nennt man Frühlingspunkt und Herbstpunkt. Es sind dies Punkte, welche von der Erde zirka am 21. März und am 23. September

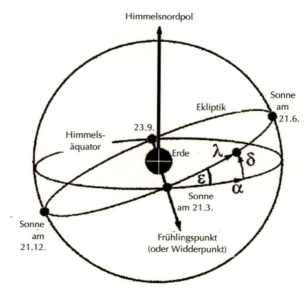

Abbildung aus: der Sterngucker

erreicht werden. Die Punkte der Ekliptik, die am weitesten vom Himmelsäquator entfernt sind, heißen auch Sonnenwendpunkte oder Äquinoktien. Wenn die Erde diese Stellen passiert, sind Tag und Nacht durch gleiche Länge charakterisiert (Sonnenwende).

Die Bewegung des Widderpunkts durch die Rotation der Erdachse und die ihr entsprechende Verlagerung der Äquatorebene nennt man die Präzession des Frühlingspunkts. Durch die Präzession findet die Differenzierung zwischen Tierkreis und Fixsternbildern statt. Der Widderpunkt benötigt 26 000 Jahre für einen Umlauf durch die Ekliptik. Etwa um Christi Geburt war die letzte Übereinstimmung der Tierkreiszeichen und des Fixsternhimmels. Somit können die Tierkreiszeichen und die Fixsternbilder nicht ständig deckungsgleich sein, was von zahlreichen nicht ausreichend informierten Astrologiekritikern immer wieder als Erklärung für den »Humbug Astrologie« aufgezeigt wird. Diese Kritiker sollten sich ausreichend Fachwissen aneignen, um zu erkennen, dass die Jahreszwölftel der Sonnenbahn mit den Tierkreisnamen nicht übereinstimmen können.

Astrologiekritiker sind legitim, doch sollten sie vor der Kritik eingehend recherchieren. Auch ich kam zunächst von dieser kritischen Seite. War es doch mein Ziel, die Astrologie als Unfug zu beweisen. Wie Sie in diesem Buch lesen können, ist mir dies nicht gelungen. Ich bin mittlerweile eine seit 30 Jahren praktizierende Astrologin. Ich warne jedoch davor, die Astrologie überzustrapazieren, das heißt, mehr hineinzuinterpretieren, als sie hergeben kann.

Die vier Quadranten

Die Ekliptik wird weiters in vier Quadranten eingeteilt:

Einteilung des 360°-Kreises in vier Abschnitte

1. Von 0° (0° Widder) bis 90° (30° Zwilling) entspricht dem ersten Quadranten.
2. Von 90° (0° Krebs) bis 180° (30° Jungfrau) entspricht dem zweiten Quadranten.
3. Von 180° (0° Waage) bis 270° (30°Schütze) entspricht dem dritten Quadranten.
4. Von 270° (0° Steinbock) bis 360° (30° Fische) entspricht dem vierten Quadranten.

Auf die Bedeutung der Quadranten wird später eingegangen.

Die astrologischen Felder oder Häuser

Ähnlich wie die Ekliptik eingeteilt wird, werden Räume um den Geburtsort errichtet, die als »Häuser« oder »Felder« bezeichnet werden. Sie werden als Kraftfelder bezeichnet und von manchen Astrologen nicht berücksichtigt. Ich konnte die Erfahrung machen, dass sehr wohl ein Bezug zwischen den symbolischen Inhalten und diesen »Kraftfeldern« besteht.

Die Häuser entsprechen Kraftfeldern

Verschiedene Systeme sind bei dieser Raumteilung möglich.

Die drei wichtigsten seien kurz aufgeführt:

- *Campanus* teilt den Erdraum durch Vertikale in regelmäßige Abschnitte.
- *Regiomontanus,* ein Astronom, drittelte den Äquator statt der Vertikalen. Man zieht durch die Teilpunkte Großkreise, die durch die Schnittpunkte Meridian und Horizont gehen. Dadurch wird das Gewölbe in zwölf Abschnitte (Häuser) geteilt. Dieses Häusersystem ist eine **räumliche** Teilung.
- *Placidus: Placido de Tito* war Mathematiker an den Universitäten von Padua und Pavia. Er berechnete seine Häuser durch Teilen mittels eines Zeitmaßes. Die Häuserspitzen sind diejenigen Punkte der Ekliptik, die ein Drittel beziehungsweise zwei Drittel ihrer halben Tag- beziehungsweise Nachtbogen zurückgelegt haben. Dieses Häusersystem ist eine **zeitliche** Teilung.

Die zwölf Häuser entsprechen laut *Placidus* bestimmten dynamischen Einflusszonen.

Hier will ich nochmals betonen, dass es in diesem Buch nicht um die Kausalität des astrologischen Geschehens geht, sondern dass lediglich festgestellte Fakten aufgezeigt werden. Dazu ist die theoretische Grundbegriffserklärung nötig. Möge mir der Leser diese notwendige Trockenperiode verzeihen.

Mich erstaunt immer wieder, wie Inhalte eines Ereignisses in ihren astrologischen Aussagen durch Dominatoren (Häuserherren) der Felder oder Häuser charakterisiert sind. (Dominator oder Herr eines Hauses oder Feldes ist der Planet, dem ein Zeichen zugeordnet ist, in dem das Haus beginnt).

Um ein Beispiel zu nennen: Herr eines Feldes, zum Beispiel Jupiter, der das Zeichen Schütze regiert, ist in einem individuellen Horoskop Herr des zehnten Hauses, das heißt, das zehnte Feld beginnt im Zeichen Schütze, welches dem Jupiter untergeordnet ist. Erreicht dieser Jupiter einen anderen Planeten (zum Beispiel Sonne, Herr dieses Beispielhoroskops vom siebten Haus – das Feld der Beziehungen, das heißt: das siebente Haus beginnt im Löwen), so wird der abstrakte Inhalt der zu erwartenden Situation Charakterzüge dieser Felder einbringen: eine glückhaft erfolgreiche Zeitqualität mit Partnern, die nach außen Bedeutung erhält. Was sich in so einer Konstellation dann tatsächlich abspielt, ist detailliert nicht vorhersagbar. Hier kann man lediglich die folgenden Inhalte wiedergeben: Berufliche beziehungsweise bleibende Bedeutung wird über Umwelt realisiert. Ob dies nun eine eheliche Verbindung ist, ein geglückter Vertragsabschluss, ein öffentlich wirksames erfolgreiches Auftreten, ist im Zusammenhang mit weiteren Aspekten etwas eingrenzbar, jedoch detailliert nicht vorhersagbar; vieles ist möglich. Das individuelle Ereignis passt aber mit Sicherheit in die aktualisierte Konstellation.

Die Tierkreiszeichen

Der erste Quadrant

Wolfgang Döbereiner bezeichnet den ersten Quadranten als Gebiet der Energieumsetzung, welches aus Widder, Stier und Zwilling besteht.

Wie schon erwähnt, befindet sich im ersten Quadranten der Sitz der Motivation.

Widder entspricht dem ersten Haus

Widder entspricht der Reviereroberer

Widder: Der Beginn des Tierkreises wird bei 0° Widder, dem Frühlingspunkt, angenommen. Der Widder ist der Gebietseroberer.

Haus eins bezeichnet das Zeichen Widder als die willensmäßig antreibende Kraft. Zugeordnet wird dem Widder der Planet Mars, dem Antrieb und Durchsetzungskraft zugeschrieben werden.

Auch die Plutoenergie wird dem Widder von manchen Schulen zugeschrieben.

Reinhold Ebertin erwähnt noch den Unternehmensgeist, das Führenwollen, Ehrgeiz und Voreiligkeit.

Döbereiner beschreibt Widder als Energiezustand, der auf eine bestimmte Erscheinung disponiert, doch noch körperlos ist. Er sieht darin die reaktive Aggression, bildhaft der Revierverletzer.

Sandor Belcsak bezeichnet dieses Kraftfeld mit Willensäußerung, Motivation und Absicht. Er setzt das erste Haus mit der Kraftquelle gleich. Im ersten Haus befindet sich das noch Ungeformte, noch nicht Definierte eines Inhalts.

Stier entspricht dem zweiten Haus

Stier entspricht Haus zwei, der Sicherung der materiellen Grundlage des Lebens. Dem Stier ist die Venus zugeordnet. Venus wird mit Ästhetik und Harmonie gleichgesetzt. Ohne Venus gibt es keine Sinnlichkeit. Ein kultiviertes Essen gehört dazu genauso wie ein sinnlicher Sexualakt. Wobei hier nicht die animalische Form der Sexualität gemeint ist, sondern die sinnliche, erotische, höchst subtile Form der Schwingung zwischen den Partnern.

> **Stier beschreibt Festigung und Formgebung des Reviers**

Ebertin sieht hier vorwiegend Beharrlichkeit, Festigung und Formgebung. *Döbereiner* beschreibt Stier als die Verdichtung und Zentrierung der marsischen Energie zu geordneter organischer Substanz, zum Bestand, damit zu einem abgrenzbaren Ganzen. Hier finden die Speicherung und Konservierung der Energie statt. Er sieht darin die Vergegenständlichung und reaktive Abwehr. Bildhaft beschreibt *Döbereiner* den Stier als den Revierhalter, das Beutetier, das sich in Herden organisiert. Biologisch beschreibt der Stier die Gewebsbildung.

Belcsak spricht von Materialisation der Energie. In der Praxis sieht er im zweiten Haus alle stofflichen Träger der Willensimpulse und der Absichten, daher alle Mittel, die zur Übertragung der Lebenskraft und zur Äußerung der eigenen Stärke notwendig sind. Es entspricht dem Besitz beziehungsweise der Konservierung der Kraft in der Materie. Er definiert das zweite Haus mit Wertbestimmung.

Der Stier festigt das vom Widder eroberte Gebiet.

So kann man bildhaft das zweite Haus mit einem umzäunten Garten vergleichen.

Zwilling entspricht dem dritten Haus

Zwilling beschreibt den Handel mit der Umwelt

Döbereiner schreibt: »Funktion des Vergegenständlichten – Funktion in den Umraum, Erfassen des Umraumes (Kalkulation – Neutralisierung). Sachlich reaktive Funktion.«

Das dritte Haus entspricht dem Kontaktaufnehmen mit der Umwelt. Dazu gehört das Gespräch mit dem Nachbarn genauso wie das Leben auf der Straße, das Sichzeigen in der unmittelbaren Umgebung.

Intellekt als Hilfsfunktion, um sich im Lebensraum zurechtzufinden. Biologisch schreibt *Döbereiner* dem dritten Haus das lymphatische System und das RES (retikuloendotheliales System) zu. Das RES-System ist eine Bezeichnung für das Monozyten-Makrophagen-System. Dies ist ein Zellsystem, welches durch Fressen von giftigen Zellen das Immunsystem stützt. Diese Ansicht kann ich nicht nachvollziehen, da ich diesem Zellverband eine eher aggressive Qualität zuschreibe.

Laut *Belcsak* findet im dritten Haus, der Zwillingsentsprechung, die Synthese statt. Das Individuum zeigt hier, wie es von seiner Umwelt begriffen wird, beziehungsweise den Einfluss der Umwelt auf den Nativen. Es ist das Haus des Austauschs und der Vermittlung.

Hier wird mit Materie gehandelt.

Erobern entspricht dem ersten Haus, Festigen dem zweiten, und nun im dritten Haus wird das Materielle verwendet, indem es getauscht, verkauft und gekauft wird, kurz, es wird die Materie einer Funktion unterworfen.

Der zweite Quadrant

wird von *Döbereiner* als das »In-sich-Finden« ererbter Erfahrungsbilder beschrieben. Die einzelnen Phasen: Krebs ist Empfinden, im Löwen wird Empfinden zum Erleben, und in der Jungfrau kommt es zur Aussteuerung gegen vorliegende Bedingungen.

Da heißt, die Empfindung im vierten Haus wird im fünften Haus umgesetzt, um im sechsten gefiltert zu werden. Gefiltert, um nur das öffentlich werden zu lassen, was auch als angenehm von der Umwelt aufgenommen wird. »Heilig« zu erscheinen. Daher gibt es Autoren, die der Jungfrauenergie »Scheinheiligkeit« zuschreiben. Jungfraubetonte Menschen lassen nur das in Erscheinung treten, wo sie meinen, es nütze ihnen.

Krebs entspricht dem vierten Haus

Krebs entspricht Empfindung und Geborgenheit

Im Krebs, welches der vierten Hausbestimmung entspricht, dem der Mond als Herrscher zugedacht ist, kommt es zum Hochsteigen des Empfindens.

Thomas Ring sieht darin das Seelisch-Schöpferische: Gebären, Empfänglichkeit, wie auch Familie und Heim.

Belcsak: Der hier geäußerte Stoffimpuls ist die Grundbedingung für die körperlich zeitliche Ausfüllung eines Lebens. Es ist die Masse, aus der die Körperlichkeit entsteht, eben die zur Verfügung stehenden Ressourcen.

Peter Orban und Ingrid Zinnel fassen das vierte Haus mit »Ich will geborgen sein« und »Ich schenke Geborgenheit« zusammen. Dieser Platz der Seele ist der Schuttabladeplatz des Vergangenen, der das Heute bestimmt.

Einfach beschrieben bedeutet das vierte Haus die Wurzeln, die Heimat, die Vergangenheit der Existenz.

Löwe entspricht dem fünften Haus

Das fünfte Haus oder die Löweentsprechung wird von der Sonne beherrscht.

Löwe ist der Herrscher

Döbereiner beschreibt den Löwen wie folgt: »Der Akt des Erlebens als der Bewegung aus sich – die Gestaltwerdung der inneren Bilder.«

Ebertin sieht im Löwen die Sicherung der Nachkommenschaft durch Triebhaftigkeit. Selbstsicherheit und Gestaltungswille.

Ring bemerkt zum Löwen das willensmäßig Zusammenfassende, das Ausspielen erworbenen Könnens sowie das Bedürfnis, im umschriebenen Bezirk unumschränkter Herrscher zu sein.

Belcsak meint, dass der energetisch-feurige Impuls auf das Zeitlich-Wässrige trifft und eine Auseinandersetzung in Form eines Ereignisses fordert. In der konkreten Anwendung entspräche das fünfte Haus der Sinngebung, der Lebenserhaltung, dem Verbrauch der Zeit durch eine vitale Äußerung, was dem Selbstgefühl entspräche. Er definiert es mit Interesse.

Im fünften Haus tritt das Ego in volle Erscheinung. Hier kommt es zur »Selbstverwirklichung«. In diesem Haus erlebt das Individuum seine Einzigartigkeit. Das Arterhalten der Einzigartigkeit gehört daher in das fünfte Haus. Hier wird der »Rausch des Diesseits« genossen.

Der Erwerb von Haustieren, sowie erotische Aktivitäten und das Zeugen von Kindern finden im fünften Haus statt.

.

Jungfrau entspricht dem sechsten Haus

Jungfrau entspricht Dienen und Anpassen

Jungfrau oder das sechste Haus wird dem Planeten Merkur zugeordnet, der hier seine erdige, konkrete Art zeigt.

Döbereiner beschreibt die Jungfrau mit Aussteuerung des Lebenstriebs gegenüber vorliegenden Bedingungen. Hier muss sich der Mensch an die gestellten Bedingungen anpassen.

Dies entspricht den täglichen Erfordernissen an eine Person. Den Mist ausleeren, die Alltagsarbeit verrichten, die Schuhe putzen, all das findet hier statt. Hat man die Möglichkeit, diese Arbeiten zu delegieren, dann braucht man dazu Personal – daher findet man in diesem Haus auch Dienstleister. Ist man nicht imstande, seine Alltagsarbeit zu erledigen, kann dies durch Krankheit verhindert sein. So kommt es, dass man Erkrankungen auch im sechsten Haus sieht.

Belcsak: Jungfrau ist die Projektion des endgültigen Resultats (Erde) in Abhängigkeit des zur Verfügung stehenden ungeformten Materials (Wasser). Die scheinbare Aktivität der Aufnahme zum Beispiel in Form von praktischer Arbeit (Umformung). Er definiert diesen Vorgang mit Aktualität.

Hier findet die Entscheidung statt: Was von den ungestümen Triebimpulsen aus dem Löwen kann man nach außen zeigen und was nicht? Es ist eine Art Selektion von »Womit gefalle ich und womit nicht?«. Schließlich ist das nächste Feld das In-Erscheinung-Treten und der Wunsch, angenommen zu werden.

Der dritte Quadrant

Döbereiner beschreibt den dritten Quadranten als Vorstellbarkeit des Wirklichen. Vorstellungsbilder als genetisch angelegte beziehungsweise als ererbte Erfahrung.
Der dritte Quadrant ist die Umwelt, in die wir eintreten oder die auf uns zukommt. Zum dritten Quadranten gehören daher die Zeichen Waage, Skorpion und Schütze.

Waage entspricht dem siebenten Haus

Waage entspricht dem Gefallenwollen

Dem siebenten Haus oder dem Waageprinzip wird die ästhetische Venus zugeordnet. Geistige Schönheit zu leben ist eines der Hauptanliegen der Waage.

Belcsak sieht im siebenten Haus die kleinste Menge von Luft als Hintergrund oder Reflexion der Energiepolung. Dieser Bereich steht dem Feurigen passiv gegenüber und bildet dessen ergänzenden Gegensatz. Er ist der sichtbare Ertrag, die Gestalt, der Projektionsraum des vom anderen Pol ausgehenden Willensimpulses, dessen äußere Erscheinung oder sichtbarer Ausdruck. Praktisch der bereitstehende Lebensraum der Existenz. Als Beispiel kann man als Energieentsprechung (erstes Haus als Impulsgeber) Elektrizität annehmen, dann ist eine entsprechende Erscheinungsform das Licht. Hier wäre Elektrizität im ersten Haus und die Erscheinungsform im siebenten Haus das Licht.

Döbereiner schreibt über die Venus des Abends, welche der Waage zugeordnet ist, von Bildempfänglichkeit, was der Aufnahme von Inhalten gleicht. In der Waage ist die Aggression aus dem Verhalten verbannt. Dies setzt er mit einer »Beißhemmung« gleich.

Ring sieht in diesem Prinzip die kreisläufige Aufeinanderfolge im Gegensatz zu ihrem Beginn (Widder). Ich- und Du-Streben kommen hier zum Ausgleich. Das »Venusische« liegt im Kontakthalten, dem auch das Genussleben durchformenden Ebenmaß und Stil.

Hier zeigen sich das Angenommenwerden und das Gefälligsein, manchmal um jeden Preis. Ein stark besetzter Waagemensch wird um das Angenommen-werden-Wollen viele Opfer auf sich nehmen und immer friedvoll jede Situation harmonisch gestalten wollen. Bis, ja bis das Maß voll ist und so unerträglich wird, dass es zur Explosion kommt und die Realität als chaotisches Zerbrechen in Erscheinung tritt.

Im siebenten Haus zeigen sich Partner und Vertragsabschlüsse.

Skorpion entspricht dem achten Haus

Skorpion entspricht dem Stirb und Werde

Belcsak erkennt darin die Selektion des Inhaltlichen, die Sichtbarmachung des Materials, welches dem Geborenen zur Verfügung steht. Hier zeigt sich die zeitlich-materielle Lebenserwartung. Selektion bedeutet somit, den nicht gebrauchten Anteil abzubauen, zu verlieren. Es ist ein Vorgang des Verdünnens. Dieses Kraftfeld produziert Urteil, Abbau, Kritik und Wertung, ferner Ereignisse, welche die Materie oder die Zeit im Raum verteilen beziehungsweise sichtbar machen. Er definiert das achte Haus mit Selektion.

Döbereiner versteht in der zweiten Phase des dritten Quadranten die Bildstrukturierung – das Leitbild als Träger der Erfahrung – Bildmuster der Arterhaltung – Opferung des Ego zugunsten eines geistigen oder ideellen Prinzips (Opfer am Altar der Gattung). Er definiert das achte Haus mit Leitbild und Prägung.

Das Skorpionprinzip beschreibt das Eindringen in das Du – daher wird diesem Haus auch die Sexualität zugeschrieben.

Eindringen ist eine Tätigkeit der Chirurgen, daher sind in dieser Berufsgruppe viele Skorpione vertreten.

Aus der Summe der vorangegangenen Definitionen wird daher das achte Haus häufig mit dem Todeshaus in Verbindung gebracht. Der Tod ist letztendlich auch ein Auswahlverfahren, in dem man seine Körperlichkeit abgibt. Der Tod ist die Loslösung aus der Verbindung zum Körper.

Skorpione zeichnen sich durch gründliche Forscher aus, da sie bis in die tiefsten Gebiete einer Sache eindringen.

Schütze entspricht dem neunten Haus

Döbereiner sieht im neunten Haus die Vereinheitlichung der Vorstellungsbilder zur »Landschaft der Anschauung«. Es ist die Orientierung aus der ererbten Erfahrung, die Einsicht durch Integrieren verschiedener Meinungen.

> Schütze entspricht Ausdehnung und Einsicht

Belcsak vertritt eine ähnliche Interpretation wie *Döbereiner*: In diesem Bereich findet die Synthese, der Ausgleich oder das gleichräumliche Erscheinen beider Raumkomponenten unter der Dominanz des Feuers statt, das heißt, das Individuum trifft seine persönliche Bewertung. Es ist die von der Sicht des äußeren Effekts bewertete individuelle Projektion der eigenen Verwirklichung oder die von außen her anerkannte Selbstbehauptung des Horoskopeigners.

Somit kann man in diesem neunten Haus seine Einstellung, seine Einsichten, seine Lebensphilosophie sehen. Es ist das Resultat der Erfahrungen und Erkenntnisse, die eine Lebenshaltung prägen.

Im neunten Haus kann man die Sinnhaftigkeit eines Wesens sehen. Das können religiöse, politische oder gänzlich persönliche Weltbilder sein.

Der vierte Quadrant

In diesen Quadranten gehört das Erwirkte (*Döbereiner*), die im Erleben erzeugte Wirklichkeit, die als das angelegte Wirkliche sich vom Subjektiven löst – Rückkehr zur Identität mit dem Jenseitigen, das sich im Wirklichen niederschlägt.
Es ist der Quadrant, der Resultate aufzeigt. In diesen Quadranten gehören die Häuser Steinbock, Wassermann und Fische.

Steinbock entspricht dem zehnten Haus

Der vierte Quadrant beginnt mit dem zehnten Haus, der Steinbockentsprechung, und wird von Saturn regiert.

Hier findet laut *Döbereiner* die Trennung des Wirklichen vom Subjektiven statt. Es kommt zur Einschränkung des Subjektiven zugunsten des Wirklichen. Das kann man mit »das Bestimmende« oder »die Bedeutung« definieren.

Steinbock entspricht Askese und Zielstrebigkeit

Belcsak: Dieser Bereich liegt dem Krebsartig-Wässrig-Ausfüllenden gegenüber, ist damit die sichtbare Form, der mit der Zeit messbare Ertrag des vom anderen Pol ausgehenden Impulses. Während das Wässrige das Inhaltlich-Ausfüllende ist, ist das Irdische das nach außen Formende, daher das Äußere. Resultat und sichtbares Ergebnis, das Unveränderliche. – Der bleibende Ausdruck.

Damit ist die Erklärung der Vulgärastrologie, die das zehnte Haus mit sozialer Position vergleicht, als Folge der beschriebenen Dynamik eine Möglichkeit des Resultats dieser Dynamik.

Der Beruf oder die Berufung sind hier zu finden.

Man stelle sich folgenden Ablauf vor: Im ersten Haus sind Sie motiviert, einen Brief zu schreiben, im zweiten formen Sie den Inhalt, im dritten schreiben Sie, im vierten fühlen Sie den emotionalen Inhalt – schreiben ihre tiefsten Empfindungen im fünften Haus, streichen im sechsten alles durch, was Sie im siebenten Haus nicht herausgeben wollen, wählen im siebenten Haus das Layout, versuchen, im achten Haus ganz in den Briefempfänger einzudringen, erklären im neunten Haus die gewonnene Erkenntnis, schließen den Brief und geben ihn im zehnten Haus auf. Nun ist Ihre persönliche Einflussnahme vorüber, das Resultat erreicht den Empfänger und wird zum bleibenden Ausdruck.

Wassermann entspricht dem elften Haus

Die Entfernung des Wirklichen vom Subjektiven – das Herausheben aus den Tälern des Dualen – so beschreibt *Döbereiner* das Wassermannprinzip. Polaritäten, Zentrierungen und Unterschiede werden aufgehoben. Hier herrscht der Narr unter den Planeten, nämlich Uranus.

Wassermann entspricht Erleichterung und Abgehobenheit

Belcsak sieht im elften Haus den Ausgleich zwischen dem Räumlichen und dem Zeitlichen, immer mit dem Ausdruck des Gegenwärtigen, des Zusammentreffens. Da es die Luft ist, die hier in das Irdische hineinspielt, kann der Prozess mit Beschleunigung des Materiellen und dadurch die Aufhebung des Gewichts (Erde), in besonderen Fällen die Befreiung von Lasten der zeitlich-materiellen Bestimmung durch bewusste Projektion vom siebenten in das elfte Haus erfolgen. Hier ist also der Ort der Erleichterung, der Begünstigung, die Hilfe aus der Außenwelt und des Wissens um den Ereignisgehalt der Zeit. Es kann mit Erfüllung definiert werden.

Das Erleichtern – das Lösen aus dem Erdhaften ist eine deutliche Wassermanninterpretation. Hier ist das Lösen aus materiellen Gütern zur Vorbereitung des Eintauchens in das Kollektiv des zwölften Hauses.

Die Betrachtung aus der Vogelperspektive ist ein guter Vergleich für die Gefühle, die ein Wassermann, welcher das Elfte-Haus-Prinzip ausmacht, empfindet. Alles überblicken, doch nicht zu nah, nicht hinunterziehen lassen in die Erdgebundenheit. Zum uranischen Prinzip gehören Flugzeuge, Piloten, Flugbegleiter – alle Situationen, die mit Höhenflug und Abenteuer im Zusammenhang stehen.

Das Nicht-einordnen-Können in Normen – daher gehört auch das Revolutionäre zum elften Hausprinzip. Es ist der unstillbare Wunsch nach Freiheit, der dem Wassermann zugeordnet wird. Ständig neue, eigenwillige Ideen begleiten ein Wassermannschicksal.

Fische entspricht dem zwölften Haus

Der Bereich, in dem das Geschehenlassen herrscht (*Döbereiner*). Hier kommt es zur Identität mit dem Wirklichen, es findet die Auflösung der Reaktions- und Reflexzwänge statt.
Neptun ist der Regent dieses Prinzips.

Fische entspricht Auflösung im Kollektiv

Belcsak umschreibt das zwölfte Haus mit Allgemeinbefinden.

Hamaker-Zondag, Psychologin in Amsterdam, drückt mithilfe jungianischer Terminologie die zwölften Hauscharakteristik wie folgt aus:

Im zwölften Haus finden wir alle Faktoren und Inhalte des kollektiven Unbewussten. Mit anderen Worten: alle Inhalte, die aus den Erfahrungen der gesamten menschlichen Evolution entstanden sind. Kollektiv sind diese, weil alle Menschen diese Inhalte in sich tragen, ungeachtet des Geschlechts, der Hautfarbe usw. Das kollektive Unbewusste enthält alle typisch menschlichen Verhaltensmuster als Anlage sowie eine chemische Lösung, die die Idee des Kristalls, der aus ihr entstehen wird, schon in sich trägt. Die Form selbst ist in dieser noch nicht enthalten, nur die Möglichkeit zur Formbildung.

Hier geht man in das Kollektiv ein, um dann wiederum als Teil mit Bestimmung für ein neues Wirken als widderhaftes Prinzip zu entstehen. Es bildet den Rohstoff für die Existenz.

Liz Greene, Psychologin, Leiterin des »Center for Psychological Astrology« in London, sieht in der Wirkweise des Neptun die Sehnsucht nach Verschmelzung mit der allliebenden und schützenden elterlichen Gottheit, die uns aus der Säuglingszeit verblieben ist. Diese inzestiöse Sehnsucht zieht auch ein ständiges Gefühl der Schuld nach sich.

Planeten

Den Tierkreiszeichen (dreißiggradige Abschnitte auf der Ekliptik) entsprechend, gibt es zu jedem dieser Zeichen zugehörige Planeten: Sie werden auch Herrscher des Zeichens genannt. So ist der Planet oder Herr des Zeichens Widder der Mars, des Zeichens Stier die Venus usw.

Sonne ☉

Die Sonne beherrscht das feurige Zeichen Löwe. und benennt den Sonntag. Selbstmächtigkeit und Eigenverantwortung sowie zentraler Ansatz des Handelns schreibt *Ring* über die Kriterien der Sonne. Bei *Alfred Fankhauser*, Arzt und Astrologe, kann man folgende Aussagen über die Sonne lesen:

> **Sonne ist Vitalität**

Sonne als schöpferisches Prinzip ist nichts anderes als jener unfaßliche Ur-Wille, der nach Leben und Gestalt drängt. Die eigentliche Ursache unseres Daseins innerhalb des Planes dieser irdischen Erscheinungswelt. Das Bewusstwerden dieses tiefsten Willens in seiner eigentlichen Form ist uns versagt. Wir erleben gewissermaßen nur die Folgen dieser Willenswirkung. ... Wir haben einen Lebenswillen, wir wollen da sein. Bei den einen schäumt dieser Wille über in Daseinsfreude, in physische Kraft, in Mut, in Willen, in Tätigkeitsdrang, in Selbstbewusstsein. Alles, was in uns Ja sagt zum Leben, was hier sein und wirken will, ist seinem Wesen nach »von der Sonne«. Die Zusammenfassung des Sonnenprinzips ist Vitalität oder Lebenskraft.

Die Sonne steht immer für das Lebensziel, sie ist Symbol für die sinnvolle Umsetzung zentraler Absichten.
Die Sonne ist die Verwirklichung der Absichten des Ego.
Nun könnte man phantasieren, die Sonne entspricht auch dem männlichen Prinzip im weiblichen Horoskop, was bedeuten könnte – der weibliche Wille ist vom männlichen Prinzip im weiblichen Horoskop abhängig. Die Sonne ist die leuchtende Kraft, die dem Mond das »Leuchten« borgt.

Die Sonne ist das Zentrum unseres Planetensystems. Ausbrüche auf der Sonne nennt man Flares. Zu Zeiten erhöhter Flares kommt es zu Fehlfunktionen von Computern, Unterbrechungen der Stromversorgung und des Telefonverkehrs, Satellitenabstürzen und einer Erhöhung der Zahl von Herzinfarkten. Positive Folgen zeigen sich in erhöhter menschlicher Kreativität. *(Landscheidt)*

Der Tag, welcher der Sonne gewidmet ist, ist der Sonntag.

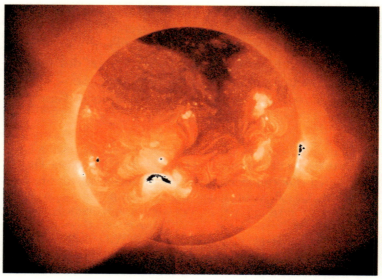

Sun in X-Ray
© SOHO (ESA und NASA) (Solar- u. Heliospheric Observatory)

Mond ☽

Der Mond beherrscht das Zeichen Krebs. Als Funktion des Wachsens und Werdens sieht *Ring* die Mondsymbolik. Der Mond ist der Fluss organischen Geschehens. Der Mond speist das lebensnahe und intime bildmäßige Erleben. Das Sonnenprinzip beherrscht das Tagesgeschehen, der Mond die Nachtseite. In der Antike wurde Mond mit Aufnahmefähigkeit und Gedächtnis gekoppelt. Der Mond ist das weibliche Prinzip mit allen Gefühlsaspekten. Die Fruchtbarkeit, Gebären und der weibliche Zyklus sind Mondentsprechungen. (Dauer eines weiblichen Zyklus ist ein Mondumlauf.)

Mond ist das Reflektierend-Aufnehmende

Die Qualität der Mondposition gibt Auskunft über die emotionale Versorgtheit und Geborgenheit.

So besagt jeder Neumond eine Verbindung zwischen Sonnenprinzip und mondhaften Inhalten, dies bedeutet neue Impulse, neue Gründungen.

Die Konfrontation der beiden Prinzipien entspricht dem Vollmond, sie bedeutet die volle Entfaltung beider Themen, Aktivität, Abrundung, daher sagt man den Vollmondzeiten besondere Aktivierung nach.

La Luna ist der einzige natürliche Satellit der Erde. Man unterscheidet:

- Den *siderischen* Mondumlauf, welcher 27,3 Tage dauert. (Dies ist die Zeitspanne, die der Mond braucht, um wieder den gleichen Platz zu den Fixsternen zu erreichen.)
- Der *synodische* Monat beschreibt die Zeitspanne, die der Mond benötigt, um wieder die gleiche Position zur Sonne einzunehmen.
- Beim *drakonitischen* Mondumlauf erreicht der Mond wieder die gleiche Position zu seinen Knoten.

Die Mondqualität wird mit mütterlich, versorgend beschrieben. Zum Mond gehören Begriffe wie »Volk«, »Weichheit« und »Seele« oder »Gemüt«. Daher kann man Personen, die eine starke Mondstellung aufweisen, oft als launisch bezeichnen.

Blässe und weiches Gewebe wird einer starken Mondposition zugeschrieben.

Der Wochentag Montag ist nach ihm benannt.

Mond (Aufnahme NASA)

Eklipsen

Bedeutungsvoll wurden von den »klassischen« Astrologen und Astrologinnen die Sonnenfinsternisse beurteilt. Diese finden bei bestimmten Stellungen zwischen Sonne, Mond und Erde statt. Man nennt diese besonderen Stellungen Eklipsen oder Finsternisse.

Neumond, die Konjunktion von Sonne und Mond, ist die Phase, in der es zu Eklipsen – Finsternissen – kommen kann. Steht der Mond zwischen Sonne und Erde, so verhindert der Mond die Sicht auf die Sonne.

Man unterscheidet drei Finsternisarten.

- Totale Sonnenfinsternis, in der die Sonne durch den Mond vollständig verdeckt wird. Lediglich ein Strahlenkranz umgibt den Mond.
- Partielle Sonnenfinsternis, in der die Sonne nur teilweise vom Mond bedeckt wird.
- Die dritte mögliche Form ist eine ringförmige Eklipse, in der die Entfernung des Mondes von der Sonne so groß ist, dass der Mond die Sonne nur ringförmig abdecken kann und eine leuchtende Sonnenscheibe erhalten bleibt.

Die Chaldäer, die etwa 1000 vor Christus, wie auch die Babylonier, die etwa 4000 vor Christus lebten, beobachteten, dass Finsternisse nach 18 Jahren und elf Tagen wieder am gleichen Ort stattfinden. Solch eine Periode von Finsternissen nennt man Saroszyklus.

Eine Sonnenfinsternis kann nur bei Neumond stattfinden, da nur zu dieser Zeit der Mond zwischen Sonne und Erde positioniert ist und damit die Sonne verfinstern kann. Wenn man von einer totalen Finsternis spricht, dann befindet sich der Beobachter im Kernschatten des Mondes, der zwischen Sonne und Erde geworfen wird.

Totale Eklipse

Eine partielle Finsternis oder Eklipse findet dann statt, wenn der Kernschatten des Mondes nur Teile der Sonne abdeckt.

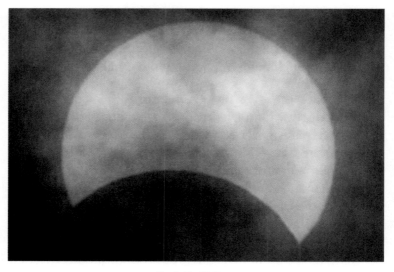

Partielle Eklipse

Bei einer anularen oder ringförmigen Eklipse trifft der Kernschatten des Mondes nicht mehr auf die Erde auf, das heißt, von der Erde aus betrachtet, wirkt das Licht der nicht abgedeckten Sonne wie ein Ring um den Mond.

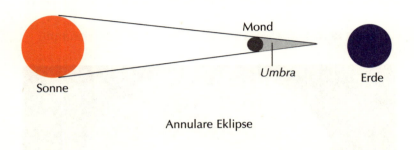

Annulare Eklipse

Merkur ☿

Merkur beherrscht zwei Tierkreiszeichen: den Zwilling und die Jungfrau. Im Zwilling das ständig Wandelbare und in der Jungfrau das Berechnend-Tätige.

Merkur, der Wechselhafte

Merkur soll vermittelnd, aufklärend, belehrend und geschäftstüchtig wirken. *Fankhauser* unterscheidet: Die Oberschicht handelt mit Wissen, die untere Schicht mit Waren. Beides entspricht dem Merkur. Merkur wird Oberflächlichkeit zugeschrieben, dabei Vielfalt bis zur Unübersehbarkeit.

Der wechselhafte Charakter zeigt sich deutlich in geschäftlichen »up and downs«.

Der Gott Merkur mit den geflügelten Füßen deutet die Beweglichkeit, Unstetheit und Wandelbarkeit des zwillinghaften Merkur an. Merkur ist der Schutzgott der Kaufleute und Reisenden. Das Talent zur Kommunikation wird ihm in der römischen Mythologie zugeschrieben, da er als Götterbote fungierte.

Merkur in einem Horoskop wirkt meist so, wie ihn seine Umgebung färbt. Das heißt: Steht er in der Nähe der Venus, wird er venusisch handeln, steht er in Saturnnähe, wird er starre und uneinsichtige Wege einschlagen.

Merkur ist der kleinste Planet unseres Sonnensystems und er steht der Sonne in nächster Nähe. Seine Oberfläche ist von Kratern durchsetzt.

Nach dem Planeten Merkur ist der Mittwoch benannt.

Merkur (Aufnahme NASA)

Venus ♀

Der Planet Venus ist in seiner sinnlichen Ausformung Herr des Zeichens Stier und in seiner geistigen Qualität der Waage zugeordnet.

Venus, das Erotische

Fankhauser vertritt die Meinung, dass Venus das kulturelle Prinzip der menschlichen Gemeinschaft symbolisiert. Das »Schöne« ist ihr Element, unabhängig von »Recht und Unrecht« oder »Gut und Böse«. Luxus und Lebensart wird von ihr bevorzugt, Armut und Elend meidet sie. Gestaltende Kräfte in Musik und darstellender Kunst sind ihr zugesprochen. Das abgesteckte Grünland, der Hof mit seinen landwirtschaftlichen Gütern, gehört ebenso zur Venus wie Vergnügungs- und Luxusstätten.

Alles, was mit Liebe in Verbindung gebracht wird, zeigt die Venusposition im Horoskop. Die Sinnlichkeit in allen Ausformungen, wie kultiviertes Essen, erotische Bestrebungen, künstlerische Entfaltung, Gesang etc., all dies wird der

Tizian: Venus (akg-images, Berlin)

Venus zugeordnet. Die Stellung der Venus in einem Horoskop zeigt die Liebesfähigkeit, die künstlerische Begabung und den Umgang mit all diesen sinnlichen Elementen.

Die Venus ist die Göttin der sinnlichen Lust, der Liebe und der Schönheit.

Die Venus ist der sechstgrößte Planet in unserem Sonnensystem und beinahe gleich groß wie die Erde. Am Himmel ist sie am Morgen und am Abend sichtbar, daher nennt man sie auch Morgenstern oder Abendstern.

Wenn man vom »mildesten Tag des Jahres« spricht, dann ist dies eine venusische Äußerung. Ebenso haben Worte wie »lieblich«, »sanft«, »ästhetisch« usw. venusischen Charakter.

In der griechischen Mythologie entspricht die Venus der Aphrodite.

Der ihr gewidmete Wochentag ist der Freitag (französisch: »vendredi«).

Mars ♂

Mars, der Durchsetzungsplanet

Mars, der Eroberer, ist Herrscher im Zeichen Widder und wird auch als Herr dem Skorpion zugeordnet. Oft kann man beobachten, dass Pluto einen Inhalt anzeigt und Mars diesen auslöst.

Mars: Wie der Gott in der Mythologie, kriegerisch nach vorwärts strebend, so wird er in der Astrologie beschrieben. Ich habe ihn in meiner Untersuchung, die im dritten Kapitel beschrieben wird, verwendet, da er in seiner Beschreibung relativ gut abgrenzbar zu anderen Planetenqualitäten erscheint. Er wird dem Element Feuer zugeschrieben und als heftig wirksam empfunden. Krieg, Gewalttat und Revolution wird ihm zugedacht. Fieber und Übertreibung sind sein Wesen. Die Störung des Bestehenden ist seine Wirkungsart.

Mars ist die Durchführung einer Handlung, seine Energie ist für jede Tat vonnöten. Ohne Marsenergie kommt es kaum zu Taten, da er der Umsetzer von Impulsen ist. Er ist Symbolträger für Begehren und sexuelle Aktivität. Die Vereinigung von Venus und Mars ist der Vollzug des Geschlechtsakts. Mars mit der erobernden männlichen Energie und Venus mit der erotischen, sich hingebenden Qualität.

Aggressive Auseinandersetzungen und Entscheidungen werden unter seiner Aspektierung aktiviert.

Mars ist der vierte Planet im Sonnensystem und der siebentgrößte. Er wird wegen seiner rötlichen Farbe, die vom Eisenoxidstaub herrührt, auch der Rote Planet genannt.

Seine zwei Monde heißen Phobos und Deimos, was Furcht und Schrecken bedeutet.

Mars, Aufnahme des Hubble Space Telescope (NASA)

Das reine Feuerzeichen Widder mit der Kampfnatur Mars bezeichnet den Dienstag (französich »mardi«).

Jupiter ♃

Jupiter, der Großartige

Jupiter ist der Beherrscher des Zeichens Schütze.

Jupiter wird von *Ring* mit dem Optimum gleichgesetzt. Wertsicherheit und Sinnstreben und das Fruchtbringen einer Lebensarbeit stehen für Jupiter. Der Erfolgsgipfel eines Lebens findet in Jupiterphasen statt. Heilende Tätigkeiten und priesterliche Ämter werden ihm zugesprochen.

Meiner Beobachtung nach finden in jupiterhaften Phasen Höhepunkte im Leben und glückliche Fügungen statt. In sei-

Jupiter

ne Charakteristik fallen aber auch alle Übertreibungen, wenn vom Guten zu viel gegeben wird. Wenn das Füllhorn des Jupiter einen überschüttet, muss dies nicht immer zum Besten für den Nativen sein.

Jupiter oder Zeus ist der Göttervater, der Mächtigste in der Mythologie. Das bekräftigt auch den Anspruch, den ein Nativer mit einem stark aspektierten Jupiter aufweist: die Anerkennung seiner Großartigkeit.

Jupiter ist der größte Planet in unserem Sonnensystem und wird auch hier seinem Anspruch auf Expansion gerecht.

Der fünfte Wochentag ist ihm gewidmet (französisch »jeudi«, italienisch »giovedi«) – bei uns Donnerstag nach dem germanischen Gott Donar.

Saturn ♄

Saturn, der Zeichenherr des Steinbock, ist von Kargheit geprägt.

Saturn, der Grenzsetzende

Saturn lehrt uns laut *Liz Greene*, die Verlassenheit, die Einsamkeit als archetypische Erfahrung anzunehmen. Das Leben beginnt mit Separation (von der Mutter bei der Geburt); diese Separationen sind die Ursache sämtlicher Schmerzen. Der Lernprozeß, allein zurechtzukommen, wird durch Saturn vermittelt.

Sein Wirken wird, im Gegensatz zu Jupiter, der alles glückhaft fügt, dahin gehend erlebt, dass sich Phasen der Reduktion, der Isolation und der Reflexion einstellen.

In saturnischen Phasen finden Trennungen, Vereinsamungen und läuterndes Leid statt. Die Askese wird dem Saturn zugeschrieben.

Saturn wirkt aus der Vergangenheit mit Konsequenzen in der Gegenwart. Ausdauer Geduld und Stetigkeit gehören zu den Eigenschaften des Saturn. Der Samstag, (französisch »samedi«, italienisch »Sabato«, englisch »Saturday«) entspricht dem Saturn.

Uranus ♅

| Uranus, der »Verrückte« | Uranus ist der Zeichenherr des Wassermanns. Er wurde 1781 von F. W. Herschel entdeckt, und er sprengte die alte Ansicht der sieben Planetenprinzipien. |

Man nennt die neu entdeckten Planeten (Uranus, Pluto und Neptun) Transsaturnier.

Der transsaturnische Planet Uranus ist durch Eingebung und Umstrukturierung gekennzeichnet *(Ring)*. Die vorausgreifenden Ideen einer Epoche wie auch revolutionäre Denkungsart treibt Uranus voran.

Uranus • August 8, 1998   HST • NICMOS
PRC98-35b • ST Scl OPO • October 14, 1998
E. Karkoschka (University of Arizona) and NASA

Genialität häufig im Grenzgebiet zum Wahnhaften prägen durch ihn gesetzte Aktionen. Die Plötzlichkeit und Präzision der Auslösung sind seine bevorzugte Wirkungsweise.

Stark uranische Menschen lassen sich in keine Normen pressen, brauchen Höhenluft zum Atmen und verabscheuen alle Reglementierungen.

Der Uranus braucht zirka 84 Jahre um die Sonne. Er ist 19-mal weiter von ihr entfernt als die Erde.

Pluto ♀

Pluto ist der Beherrscher des Zeichens Skorpion, *Belscak* ordnete ihm das Zeichen Widder zu.

Der Magier unter den Planeten steht für außergewöhnlichen Energieaufwand, für die Wandlung durch »Stirb und werde«.

Pluto, die Wandlung

Seiner mythologischen Bedeutung als Gott der Unterwelt wird er als Prinzip des Tiefgründigen und der Verdrängung gerecht. Macht über Leben und Tod zu erreichen, schreibt ihm *Karlheinz Dotter* zu.

Im Erscheinungsbild spricht man dem plutonischen Menschen stark stechende, bohrende Augen zu. Pluto wandelt das Schicksal durch tief greifende Ereignisse. Die Triebhaftigkeit und sexuelle Ausschweifungen haben plutonische Entsprechung. Die Leidenschaftlichkeit, fern jeder Vernunft, die völlige Hingabe fordert, sind plutonische Ansprüche.

Man überlege es sich gut, ehe man eine Beziehung mit einem stark skorpionbesetzten oder stark plutonischen Menschen beginnt. Da sollte man vorher nachdenken, wie weit man sich von der Leidenschaft eines Skorpions aufsaugen lassen möchte.

Pluto ist der sonnenfernste Planet – nach neuesten Erkenntnissen nur eine Nebelanhäufung.

Hubble-Aufnahme von Pluto und seinen drei bekannten Monden. (Foto: NASA, ESA)

Neptun ♆

Neptun, der Sehnsuchtsvolle

Der Planet Neptun ist der Herr des letzten Tierkreiszeichens, des Zeichens Fische.
Liz Greene beschreibt ihn mit »Die Sehnsucht nach Erlösung«.

Jedes Planetensymbol steht für eine Grundaussage, die sich von der eines anderen Planetensymbols unterscheidet und die unverändert bleibt, wo immer sie sich äußert – ob im Körper, in den Gefühlen, im Verstand oder im Vorstellungsvermögen. Neptun steht für unsere Sehnsucht nach dem Garten Eden, welche die Ego-Abgrenzungen des

Individuums durchlässig macht, sodass der Ozean der Kollektivseele einströmen kann ...

Dotter sieht im neptunischen Prinzip die Fähigkeit zur Demut, Aufopferung und Hingabe.

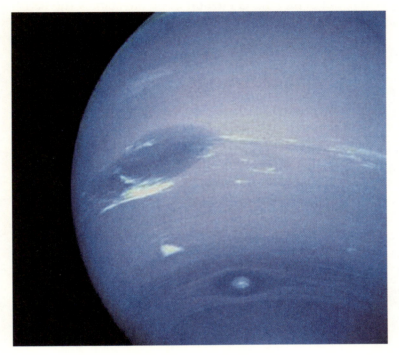

NEPTUN: Voyager-2-Aufnahme NASA

Mit dem Planeten Neptun werden häufig Religiosität, Drogen, Medien und Täuschungen verbunden. Neptun ist der Grenzüberschreiter und der Planet der Spiritualität. Drogen öffnen Grenzen, und bei Täuschungen werden Grenzen verwischt. Werden körperliche Grenzen durchdrungen, kommt es zu Infektionen. Daher ist bei schweren Infekten ein Neptunaspekt der Hinweis auf ein derartiges Geschehen.

Bei Trunksucht zeigt sich durchwegs eine starke Wasserzeichenbesetzung und ein dominant stehender Neptun. Diese Konstellationen lassen sich jedoch ebenso bei Personen, die in Medien tätig sind, finden oder bei Schauspielern, Priestern oder sozial stark engagierten Menschen – Menschen, bei denen die Grenzauflösung ein starkes Thema ist. Die Wirkung von Personen, die sich für ein Kollektiv einsetzen beziehungsweise ein Kollektiv zum Umsetzen eigener Interessen benötigen, wird stets durch Neptunstellung im Horoskop unterstrichen.

Die Musik ist ein Mittel, um Grenzen auf emotionalem Gebiet aufzulösen, daher haben Komponisten oder Musiker einen dominant stehenden Neptun.

Auch durch Drogen werden die Bewusstseinsgrenzen aufgelöst, daher wird ein Suchtpotenzial durch eine Neptunstellung sichtbar. Alkohol, Cannabis, Heroin, Opium, Nikotin etc. gehören zu den neptunischen Substanzen. Das heißt, dass die Variante, für die sich der Horoskopeigner entschieden hat, seinen Neptun zu leben, nicht a priori einsehbar ist.

Aspekte

Aspekte nennt man die Winkelstellung der Planeten untereinander oder zum Aszendenten wie auch zum Medium Coeli.

Weltharmonik

Kepler und später *Hans Cousto* hatten einen mathematisch-musikalischen Ansatz zur Interpretation der Aspekte.
Es ist unmöglich, den Gesamtbereich der Astrologie und die dazugehörigen Gebiete ausführlich zu durchleuchten. Daher halte ich mich an fast schlagwortartige Erklärungen.
Um die Interpretation der Aspekte verständlich zu machen, werde ich etwas ausholen und einen Blick in die Welt der Geometrie, Mathematik und Musik werfen.
In der Akustik gibt es die Frequenzen (1 Hertz = 1 Schwingung pro Sekunde). Jede Frequenz ist bestimmt durch die Häufigkeit ihrer Erscheinung.

So hat auch die Erde drei Grundrhythmen:

- Der Tag: beruht auf der Rotation um die eigene Achse.
- Das Jahr: beruht auf dem Umlauf der Erde um die Sonne.
- Das platonische Jahr: beruht auf der Kreiselbewegung der Erdachse.

Die Schwingung eines Planeten kann man darstellen, indem man die unhörbare Grundschwingung so lange oktaviert, bis sie in den hörbaren Bereich gelangt. (Oktavieren bedeutet: um eine Oktave höher oder tiefer klingen lassen).

Die Oktave erklingt, wenn bei einer gespannten Saite genau die Hälfte abgegriffen und die andere Hälfte der Saite zum Schwingen gebracht wird. Da die Teilung in zwei Hälften absolut symmetrisch ist, es also völlig gleichgültig ist, welche der beiden Hälften nun schwingt und welche abgegriffen wird, weil jeweils der gleiche Ton erklingt, nennt man die Oktave auch ein sich selbst ergänzendes Intervall. *(Cousto)*

Verdoppelt man diese Perioden, bildet man also Oktaven, dann kann man den Ton des Tages, des Jahres und des platonischen Jahres hören. Oktaviert man weiter, kann man auch die entsprechende Farbe sehen. – Man erhält als Jahreston ein cis mit 136,10 Hertz, den Tageston als g mit 194,18 Hertz und den Ton für das platonische Jahr: ein f mit 172,06 Hertz. (Die Hauptschlüssel im abendländischen Notensystem zeigen den Tageston g' und den Ton des platonischen Jahres f an.)

So sind die Harmonien der Sphären hörbar, als akustische Hochpotenzen der astronomischen Gegebenheiten.

Mathematische Proportionen

Cousto: Auch der absolute Laie kann beobachten und sehen wie auch hören, dass es einen Zusammenhang gibt zwischen musikalischen und geometrischen Proportionen. Durch diesen offensichtlichen Zusammenhang ist es überhaupt nur möglich, bestimmte Strukturen der musikalischen Harmonien durch andere Medien als nur durch Musik, wie etwa Text und Bild, allgemein verständlich zu vermitteln.

Mathematische Proportionen haben ganz eindeutige musikalische Qualitäten, wie auch umgekehrt musikalische Qualitäten sich mathematisch beschreiben lassen. Damit ist nicht die Güte des Spiels gemeint, sondern vor allem die den Intervallen innewohnenden typischen Charakteristika.

Wie kommt es zu diesen unterschiedlichen Schwingungen?
Cousto beschreibt die Konstruierbarkeit der Aspekte und beruft sich dabei auf *Kepler*, der mithilfe der Geometrie dies zu erklären versucht. Für *Kepler* waren nur aus regelmäßigen Figuren stammende Aspekte wirksam.

Die Aspekte sind einerseits geometrisch ableitbar, andererseits sind sie auch Ausdruck zeitlicher Rhythmen. Die pythagoräischen Lambdoma sind ein Ordnungsschema aller denkbaren Intervallproportionen, welche in ihrer Form den griechischen Buchstaben Lambda gleichen. Es handelt sich dabei um eine Zahlenmatrix, in der die Nenner in den horizontalen Zeilen stets konstant gehalten werden. In den vertikalen Spalten werden die Zähler stets konstant gehalten.

Das heißt, man zeichnet ein Gitternetz und trägt auf der waagrechten Achse alle Zahlen in der Folge 1,1,1,1,1 usw. auf. Das Gleiche wird dann mit der senkrechten Achse nach unten am linken Rand getan. Hier sind die Nenner konstant. Nun werden die Kästchen in der Mitte mit den entsprechenden Verhältnissen eingetragen.

Jeder dargestellte Bruch entspricht einem musikalischen Intervall. Zum Beispiel: 1/1 ist der Einklang oder Prime. Teilt man eine Saite in diesen Bruchverhältnissen, so erkennt man Keplers Weltharmonik. Jeder dargestellte Bruch entspricht einem musikalischen Intervall beziehungsweise der Saitenteilung, die dieses Intervall zum Klingen bringt.

Die Zahlenmatrix des pythagoräischen Lambdomas

1/1	1/2	1/3	1/4	1/5	1/6	1/7	1/8
2/1	2/2	2/3	2/4	2/5	2/6	2/7	2/8
3/1	3/2	3/3	3/4	3/5	3/6	3/7	3/8
4/1	4/2	4/3	4/4	4/5	4/6	4/7	4/8
5/1	5/2	5/3	5/4	5/5	5/6	5/7	5/8
6/1	6/2	6/3	6/4	6/5	6/6	6/7	6/8
7/1	7/2	7/3	7/4	7/5	7/6	7/7	7/8
8/1	8/2	8/3	8/4	8/5	8/6	8/7	8/8

Abbildung 2: Die Zahlenmatrix des pythagoräischen Lambdomas
(zitiert nach Cousto, 1989)

Greift man 2/3 einer Saite ab und lässt 1/3 erklingen, dann hört man den zweiten Oberton, respektive den dritten Teilton der ganzen Teiltonreihe.

Cousto beschreibt die Teilung der Saiten im gleichen Verhältnis wie die Teilung eines Kreises und bringt diese zum Klingen: Dann entstehen die Intervalle, die den Aspekten entsprechen.

Kepler beschreibt auf diese Art (zitiert nach *Cousto*):

»Das Sextil (Winkel von 60°) entspricht der Mollterz,
das Quintil (Winkel von 72°) entspricht der Durterz,
das Quadrat (Winkel von 90°) entspricht der Quarte,
das Trigon (Winkel von 120°) entspricht der Quinte,
das Trioktil (ein Winkel von 135°) entspricht der Mollsexte,
das Biquintil (Winkel von 144°) entspricht der Dursexte,
die Opposition (Winkel von 180°) entspricht der Oktave.«

Diese Kreisteilungen sind direkt als Aspekte interpretierbar.

Die vier Hauptaspekte: Prime, Oktave, Quinte und Quarte

Die Konjunktion oder Prime

Die Prime stellt den Grundton dar, sie erklingt, wenn die ungeteilte Saite angeschlagen wird. Die Prime ist der Einklang und entspricht der Konjunktion. Es ist der Zusammenschein, und die Qualitäten multiplizieren ihre Wirkkräfte. Der Aspekt entspricht der Identität.

So gilt als Interpretation einer Konjunktion zweier Planeten das Zusammenwirken der symbolischen Entsprechungen.

So entspricht die Konjunktion von Sonne und Mond – der Neumond – dem Zusammenwirken des Tages- und des Nachtprinzips. Fallen in einem Horoskop zum Beispiel Saturn und Venus zusammen, so wirkt die hemmende Wirkung des Saturn mit der erotischen Qualität der Venus zusammen. Nun können Sie Ihrer Phantasie freien Lauf lassen und Ihre Vorstellungen über eine solche Konstellation aufzeigen. Von verhinderter Liebe bis zu einem Bild, in dem ein alter Mann ein junges Mädchen liebt und, und, und ...

Die Oktave oder Opposition

Die Oktave entspricht dem Gegenschein oder einer Opposition. Der Vollmond ist eine Stellung, die einer Opposition entspricht. Der Winkel von 180° stellt eine Gegensatzspannung dar. Die Opposition gehört zu den stark wirksamen Aspekten und zeigt die Polarität der betroffenen Planetenwirkungen. Es ist ein Aspekt der Herausforderung, ein Aspekt, der Spannung erzeugt, ein Aspekt, der sehr befruchtend sein kann, wenn man damit klug umgeht.

Die Qinte oder das Trigon

Die Symbolik des Trigons ist laut *Ring* ein unkompliziertes widerspruchloses Rückgewinnen des Ansatzes nach aufgegriffener Beziehung, die Antwort in einer harmonischen durchgeführten Ganzheitsbeziehung.

Ein Trigon im Horoskop verführt zur Trägheit, da dies den automatischen Ablauf einer Sache produziert.

Langeweile kann ebenso das Produkt von Trigonen sein.

Das Quadrat oder die Quarte

Das Quadrat umfasst einen Winkel von 90°. Das Quadrat enthält eine analytische Problematik. Es zeigt laut *Ring* die stärkste Herausforderung des Ganzheitszusammenhalts. Findet in der Opposition ein Vorgang der Impulsion zu Repulsion statt, so wird dies im Quadrat durch eine quer gelagerte Achse gesperrt. Das Quadrat wird auch immer interpretiert als ein »In-die-Quere-Kommen«. Das Quadrat bindet Kraft zur Bewältigung der Diskrepanz. *Ring* nennt dies auch den »Sisyphus-Aspekt«. Die Opposition entspricht einem »Entweder-oder«, hingegen verlangt das Quadrat eine Vereinigung des größten Unterschieds von Entfaltungsrichtungen.

Dabei ist vordergründig immer die Charakteristik der beteiligten Planeten ausschlaggebend. Das heißt, ein Quadrat zwischen Jupiter und Sonne wird immer eine Erfolgskonstellation darstellen, die jedoch erst über Rückschläge beziehungsweise Umwege zur Wirkung kommen wird.

Auch in dieser Untersuchung konnte ich die Charakteristik der Planeten vor die Wirkung der Aspekte stellen.

Ich lasse es mit diesen vier Hauptaspekten genug sein, da für ein überblicksmäßiges Verständnis die unbedingte Kenntnis der weiteren Aspekte nicht vonnöten ist.

Nun sind Sie ein Kenner der astrologischen Kommunikation und können getrost weiterlesen. Es wird noch ein wenig Theorie gebracht, doch auch diese ist notwendig, um die Beweisführung, dass Astrologie eine ernst zu nehmende Wissenschaft und kein Humbug ist, zu verstehen.

TEIL 2

Meine statistischen Ansätze

Um die möglichen symbolischen Inhalte, die man aus den Konstellationen lesen kann, zu erklären, muss ich auf die bereits vorhandenen Untersuchungsergebnisse eingehen.

In den letzten Jahrzehnten sind die Forschungen von *Gauquelin* als aufschlussreich zu bezeichnen. *Michel Gauquelin* war Professor für Psychologie an der Sorbonne in Paris und untersuchte Horoskope von Medizinern und Künstlern. Er stellte fest, dass Menschen, die später große Mediziner werden sollten, vorzugsweise dann geboren wurden, wenn Mars und Saturn entweder am Horizont aufstiegen oder kulminierten. Aufstieg oder Kulmination sind die wichtigsten Positionen, die in einem Horoskop vorkommen. Mars gilt als Symbol für den Krieger, den Verletzer, Aggressor. Saturn entspricht dem Forschen und der Konzentration. Die Mediziner, die *Gauquelin* zunächst untersuchte, waren Mitglieder der Akademie der Wissenschaften. Es wurde eine dominante Mars-Saturn-Position festgestellt. Anschließend dehnte er seine Untersuchungen auf eine »normale« Population aus (was durch die Beschaffung der genauen Geburtsuhrzeiten mit erheblichen Schwierigkeiten verbunden war), und diese Untersuchungen ergaben, dass bei »Normalgeburten« Mars und Saturn diese dominante Position nicht aufwiesen. Eine weitere Medizinergruppe (508 Personen) lieferte die gleiche

Aussage – auch diese berühmten Ärzte waren vorzugsweise dann geboren, wenn Mars und Saturn am Horizont aufgingen oder den Ortsmeridian passierten. Der Horizont entspricht der Hauptachse, dem Aszendenten, der Punkt, der am Horizont aufgeht. Meridian oder Medium Coeli ist der höchste Punkt in einem Horoskop. *Gauquelin* untersuchte weitere berühmte Personen aus Frankreich, Deutschland, Belgien, Italien und den Niederlanden und setzte Planetenpositionen mit Berufen in Beziehung. Es fand sich eine statistisch nachweisbare Verbindung zwischen den Geburtsdaten der großen Persönlichkeiten und ihren beruflichen Karrieren.

Wenn bei der Geburt Jupiter aufging oder kulminierte, wurden aus diesen Personen später signifikant häufiger als bei nicht wichtigen Jupiterpositionen Schauspieler und Politiker. *(Gauquelin)*

Er führte diese Untersuchung an Medizinern, Künstlern, Offizieren und Sportlern durch und gelangte zur Erkenntnis, dass Mediziner den Planeten Mars und Saturn signifikant häufig im Aufgang oder in der Himmelsmitte stehen hatten. Sportler und Offiziere hatten signifikant häufig den Mars in Kulmination oder im Aufgang. Hier ist die Entsprechung des Mars noch deutlicher in Erscheinung getreten. Offiziere und Kriegsgott sind wohl gut zu vereinbaren.

Bei Künstlern befand sich signifikant häufig die Venus (Symbolträger der Kunst) im Aufstieg und in Kulmination. Aufstieg heißt in Aszendentennähe, Kulmination heißt im Zenit befindlich, an höchster Stelle stehend.

Natürlich meldeten sich weise Statistiker, die Kritik an der Stichprobe übten, doch kann man davon ausgehen, dass derartige signifikante Befunde schon eine beachtliche Gültigkeit haben. Diese Untersuchung wurde auch von *Stark* mit einer von Statistikern anerkannten Stichprobe repliziert. Replizieren heißt, solch eine Untersuchung nochmals durchzuführen.

Mars, der, wie schon erwähnt, in der Mythologie als Kriegsgott bekannt ist, trägt auch in der Astrologie ähnliche Symbolik. Wenn dieser Planet bei Offizieren dominant aufscheint, so ist dieses Faktum für jeden Astrologen verständlich. Aus meiner Erfahrung ist auch das inhaltliche Leben auf kriegerische Auseinandersetzungen ausgerichtet, wenn Mars in den astrologischen Direktionen (zeitmaßstäbliche Auslösungen) aktualisiert wird. Ich werde später näher darauf eingehen. Der wissenschaftliche Nachweis sollte die Kritiker etwas vorsichtiger in der Formulierung ihrer Angriffe machen.

Fazit der Untersuchungen Gauquelins

Mars im Aufstieg oder in Kulmination zeigte sich bei Offizieren und Sportlern in überzufälliger Häufigkeit.

Saturn, dem man im Symbolgehalt Vertiefung, Reduktion auf Wesentliches, auch Einsamkeit zuschreibt, steht überzufällig häufig im Aufstieg oder in Kulmination bei Wissenschaftern.

Diese Untersuchungsergebnisse setzten in mir den Anreiz, astrologische Gegebenheiten statistisch nachzuweisen.

Ich entschied mich dafür, drei in ihrer Wirkweise relativ unterschiedliche Planeten zu untersuchen. Nämlich Mars, Jupiter und Saturn. Bei statistischen Untersuchungen kann man leichter mit reinen Qualitäten arbeiten, daher meine Wahl auf drei in ihrer Wirkweise recht unterschiedliche Symbolträger.

Mars, wie schon erwähnt, mit aggressiven Attributen, Jupiter mit der Charakteristik, glückhafte Situationen zu provozieren, und Saturn als Erschwerer und Isolierer.

Ich wählte Eigenschaften (aggressiv, triebhaft usw. für Mars, optimistisch, freudig usw. für Jupiter und depressiv schweigsam usw. für Saturn), die auf diese drei Planeten passten, führte eine Faktorenanalyse durch, um sicherzugehen, dass diese Dimensionen für meine Versuchspersonen auch wahrnehmbar sind.

Faktorenanalyse ist ein statistisches Verfahren, in dem durch Interkorrelationen zwischen diesen Eigenschaften Gruppen gebildet werden, die dann mit einem geeigneten übergeordneten Begriff versehen werden können. Hier hätte man drei Dimensionen zusammenfassen können, etwa mit der Bezeichnung Aggression, Freude, Trauer. Ich hätte die drei Gruppen auch übergeordnet als Gruppe der »Antriebsstarken«, der »Optimistischen« und der »Zurückgezogenen« benennen können. Ich versah sie gleich mit der Planetenbezeichnung und nannte die erhaltenen Dimensionen Mars, Jupiter und Saturn.

Diese symbolischen Gruppen bestehen somit aus Items, die sich durch gleichartige Eigenschaften auszeichnen, eben Qualitäten des Mars, Jupiter und Saturn. (Item heißt, ein Erhebungsmerkmal möglichst exakt definiert zu bestimmen.)

Die übergeordnete Gruppe, die ich Jupiter nannte, zeigte die statistisch geprüften Interkorrelationen mit lauter angenehmen Eigenschaften wie großzügig, freudig, optimistisch, protektiv und heilend.

Bei der Dimension, die ich Saturn nannte, ergab sich die höchste Interkorrelation bei den Eigenschaften erschwerend, hemmend, bedrückend und depressiv.

Bei der übergeordneten Dimension der Gruppe, die ich mit Mars bezeichnete, lagen die höchsten Interkorrelationen bei den Eigenschaften triebhaft, aggressiv, durchsetzend und verletzend.

Ich erstellte Tagebuchlisten mit den Eigenschaftswörtern, die ich für die Planeten wählte. Diese Eigenschaften der Planeten wurden auf einer Liste in ungeordneter Form aufgeführt, wobei die Planetennamen nicht auftraten. Alle Eigenschaften konnten auf einer Skala von eins bis zehn bewertet werden. Das heißt, diese Listen bestanden aus bunt gemischten Eigenschaftswörtern, die später wieder den Planetencharakteristiken zugeordnet werden konnten.

In der Folge wurden solche Listen an Probanden ausgeteilt, die dann, 30 Tage lang, täglich ihre wahrgenommenen Emotionen auf diesen Listen beurteilen sollten. Die Versuchspersonen wussten nicht, dass es sich um eine astrologische Untersuchung handelte. Sie erhielten lediglich die Information, dass es sich um eine Untersuchung über Emotionen im Alltag handle. Bei der Rückgabe dieser Listen erfragte ich dann die Geburtszeiten der Probanden. Ich befragte sie auch über Ausbildung, über eventuelle astrologische Erfahrung und trug ihr Geschlecht ein. Leider gingen dabei Daten verloren, da nicht alle Probanden ihre genaue Geburtszeit wussten.

Daraufhin erstellte ich die Horoskope der Probanden und untersuchte, an welchen Tagen sie von den drei gewählten Planeten »bestrahlt« wurden und an welchen Tagen sie sich vorwiegend freudig schilderten, an welchen Tagen sie sich als aggressiv empfanden und zu welchen Zeiten sie sich eher antriebslos und schlechter Stimmung zugeordnet hatten.

Die Transite – »Bestrahlung der wichtigen Horoskoppunkte« – wurden nun genau untersucht.

Nun war klar festzusetzen, was als Transit bewertet wird und was nicht. Ich entschied mich, nur die Transite auf die Hauptachsen, Sonne und Mond des Radix, zu berücksichtigen, da ich aus meiner Erfahrung dies als die am meisten auf die persönliche Stimmung wirkende Konstellation feststellen konnte. (Radix ist die astrologisch grafische Darstellung des Geburtsmoments, welches als Ausgangshoroskop für alle weiteren Untersuchungen dient.)

Nun folgte die klare Definition der Bandbreite einer Transitwirkung, die in meiner Untersuchung zugelassen wird. Ich entschloss mich, nur gradgenaue Aspekte im 360°-Kreis zu nehmen. Zwei Grad Entfernung wurden bereits schlechter bewertet, und drei Grad Entfernung vom exakten Aspekt galt als Ausschlusskriterium, um als Transit Gültigkeit zu haben.

Genau gesagt heißt dies, dass bei Aspektierung der relevanten Horoskoppunkte wie Aszendent, Medium Coeli, Sonne und Mond tatsächlich nur jene Winkel Berücksichtigung erfuhren, die innerhalb eines Orbis (Gültigkeitsbereich eines Aspekts) von zwei Grad stattfanden.

Bei allen Planeten, wie Mars, Jupiter und Saturn, wurden nur jene Zeitpunkte als Transit bewertet, in denen sie innerhalb eines Grades die wichtigsten Horoskoppunkte bestrahlten. Der gradgenaue Transit erhielt die höchste Bewertung. Ein Grad weiter wurde nur mehr mit einer geringfügigeren Transitwirkung bewertet. Alles, was mehr als zwei Grad vom Transitpunkt entfernt war, zählte nicht mehr als Transit.

Die Aspekte, welche ich für die Transitwirkung wählte, waren nur die großen wie Konjunktion, Quadrat und Trigon. Die Erklärung der Aspekte kann der Leser im ersten Kapitel finden. Diese gewählten Aspekte und die Transite der Planeten Jupiter, Saturn und Mars wurden nun in ihrer Wirkweise auf geschilderte Befindlichkeiten zur Untersuchung herangezogen.

Der Fragebogen musste täglich ausgefüllt werden, was eine große Compliance (Mitarbeit) der Versuchspersonen erforderte. Die zu bewertenden Tage mussten auch in einer Serie liegen, sonst hätte ich mir nur solche auswählen können, die mir in meine Untersuchung passten. So füllte jede Versuchsperson auf dem Bogen 30 Tage hindurch die Intensität der unterschiedlichen Empfindungen aus. Die unterschiedlichen Empfindungen wurden auf der Liste in Eigenschaften angeführt.

Jeder Proband beschrieb geduldig seine Ausprägung der Emotionen zwischen eins bis zehn und beurteilte somit täglich deren vorwiegende Qualität.

Der nächste Schritt war die langwierige Dateneingabe. Mit Spannung verfolgte ich die ersten Mittelwertsvergleiche zwischen Tagen mit Transittätigkeit und Tagen ohne Transite. Meine eigene Neugierde trieb meinen Arbeitseifer voran.

♃
Jupiter

Die Bewertungen der Jupitereigenschaften waren normalverteilt, was in der Statistik die Durchführung einer Varianzanalyse erlaubt. Ich will damit ausdrücken, dass ich fachlich den legitimen Weg wählte.

Die höchst signifikanten Haupteffekte in der Unterschiedlichkeit der Bewertung zwischen Tagen mit Jupitertransit und Tagen ohne Jupitertransit meiner Probanden setzten mich in Erstaunen. Zeigten doch sämtliche Transite des Jupiter deutliche Stimmungverbesserung bei den untersuchten Personen. Selbst der Quadrataspekt des Jupiter auf die persönlichen Punkte, wie Aszendent, Medium Coeli, Sonne und Mond, wurde durchwegs als viel freudiger im Vergleich zu anderen Tagen empfunden.

Zur Veranschaulichung bringe ich die Grafik der ausgewerteten Untersuchung.

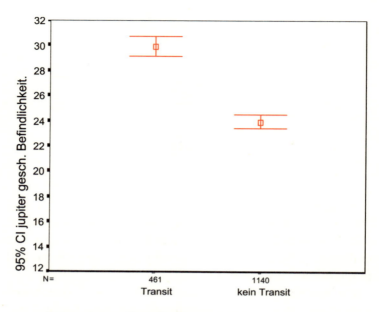

Trennung zw. Transit u. transitfrei

95 % Konfidenzintervalle. Die oberen Querbalken entsprechen den oberen Konfidenzintervallgrößen. Die unteren Querbalken entsprechen den unteren Konfidenzintervallgrößen. Links zeigen sich freudige Bewertungen an Jupitertransittagen, rechts Tage, an denen keine Jupiteraspektierung stattfand.

In dieser Grafik zeigen die kleinen Kästchen in der Mitte die durchschnittlichen Werte der glückhaften Stimmung mit und ohne Transit des Jupiter an. Sie sehen den riesigen Unterschied der Mittelwerte, der im statistischen Jargon mit »hochsignifikant« bezeichnet wird. Je intensiver die Probanden sich glückhaft befanden, desto höher war die Wertigkeit. In dieser Grafik sieht man den kleinen Knödel bei 30 zur Transitzeit, während ohne Transit der kleine Knödel bei etwa 24 liegt. Das bezeichnet man als ein hochsignifikantes Ergebnis im statistischen Jargon.

Da ich den statistischen Anforderungen gerecht werden

wollte, dass diese Unterschiede der emotionalen Bewertung der Teilnehmer durch keinen anderen Parameter hervorgerufen worden sein können als durch die Transite der Planeten, begann ich andere Einflussfaktoren auszuschließen. In der Statistik führt man das über Berechnung von Covariationen durch. Ich will Ihnen diese Ausführungen hier ersparen und verweise für Interessierte auf die Diplomarbeit »Empirische Untersuchung über den Gehalt astrologischer Symbolik und erlebter Emotion«. *(Hueber)*

Zum Vergleich möchte ich die Auswertung der Unterschiede zwischen den Probanden mit astrologischer Erfahrung und ohne astrologische Erfahrung zeigen. Menschen mit astrologischer Erfahrung erleben Saturn, Jupiter und Mars weniger intensiv als Menschen ohne diese Kenntnisse.

Es hätte die Möglichkeit bestehen können, dass Menschen, die astrologische Erfahrung aufweisen, von ihrem Horoskop beeinflusst, die Wahrnehmung schildern, die ihnen ihr Horoskop diktiert. Nun, genau das Gegenteil war der Fall. In der Wahrnehmung ihrer Emotionen sind die Probanden, die Astrologie betreiben, stabiler in ihren Empfindungen als Versuchspersonen, die ohne Einsicht in kosmische Konstellationen den Alltag erleben.

Meine Annahme, warum astrologisch Versierte ihre Emotionen etwas sanfter beschreiben, beruht auf dem Wissen, dass alle Konstellationen temporär sind. Somit ist die Aspektierung von glückbringenden Phasen eben genauso vergänglich wie auch die Zeiten, die man als unglücklich einstuft. Das Verebben von intensiven Emotionen zu einer ausgeglichenen Gefühlshaltung ist Folge der Bewertung kosmischer Hochs und Tiefs.

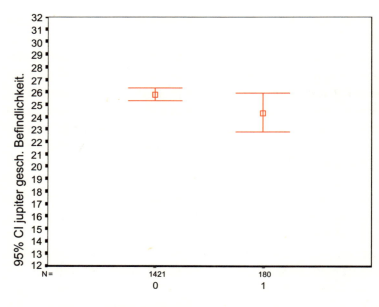

Erfahrung mit Astrologie

95 % Konfidenzintervalle der Unterschiede. Die oberen Querbalken entsprechen den oberen Konfidenzintervallgrößen. Die unteren Querbalken entsprechen den unteren Konfidenzintervallgrößen. Die Freude der Probanden mit Astrologiekenntnissen ist mit 1 bezeichnet und die Schilderung der Freude der Probanden ohne astrologisches Wissen mit 0.

In dieser Grafik sieht man den recht kleinen Unterschied der Mittelwerte zwischen den Personen, die über keinerlei astrologisches Wissen verfügen (Gruppe 0), und denen, die Astrologieerfahrung aufweisen. Man kann in dem rechten Mittelwert erkennen, dass er sogar leicht unter dem Mittelwert der »Unerfahrenen« liegt.

Untersucht man die Befindlichkeitsunterschiede aufgrund von Geschlechtsunterschieden, kann man beobachten, dass es keine Unterschiede in der Intensität der Empfindung von

glücklich erlebten Zeiten zwischen Männern und Frauen gibt.
Im Erleben von freudiger Emotion herrscht völlige Gleichberechtigung. Wenigstens ein Gebiet, in dem die Emanzipation volle Gültigkeit hat. Die emotionale Intensität ist bei Frauen geringfügig intensiver als bei Männern, jedoch nicht im Signifikanzbereich.

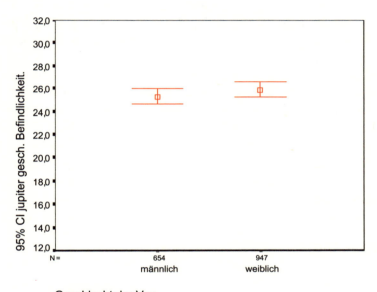

95 % Konfidenzintervalle der Unterschiede. Die oberen Querbalken entsprechen den oberen Konfidenzintervallgrößen. Die unteren Querbalken entsprechen den unteren Konfidenzintervallgrößen. Die Freude der männlichen Probanden und die Schilderung der Freude der weiblichen Probanden ist kaum unterschiedlich bewertet.

Zusammenhänge mit »Prognose«

Bei Prüfung des Zusammenhangs zwischen Transiten und wahrgenommenen Stimmungsbildern zeigte die Korrelation des Items »Freude« mit dem Transitgeschehen einen hochsignifikanten Wert. Das heißt, dass die Aspektierung des Jupiter auf die wichtigen Horoskoppunkte, wie Sonnenstand im Radix, Mondstand und Achsen, gleichzeitig eine deutliche Stimmungsaufhellung zur Folge hat. Die zeitliche Synchronizität der Transite mit freudigen Empfindungen ist klar gegeben und wurde somit beweisbar gemacht.

Nun haben Sie den Einstieg in die statistische Trockenperiode geschafft, leider muss ich Ihnen die beiden weiteren Planeten genauso beschreiben, denn nur eingehende Arbeiten kann man Kritikern als Argumente entgegenhalten. Um noch genauer Bescheid zu wissen, empfehle ich meine Diplomarbeit an der Universität Wien, in welcher die Faktorenanalyse und weitere statistische Details genauestens zu lesen sind.

Conclusio

Die eindeutig stärker wahrgenommene freudige, positive Stimmung an Tagen des Jupitertransits über persönliche Punkte in einem Horoskop war somit klar nachweisbar.

Die wahrgenommene, geschilderte Befindlichkeit an Tagen mit Jupitertransit auf persönliche Punkte im Horoskop und an Tagen ohne solch einen Transit zeigt einen signifikanten Unterschied. An Tagen mit Jupitertransit wird die Befindlichkeit signifikant glückhafter geschildert als an Tagen ohne den Transit. Die Transite sind in Ephemeriden nachschlagbar und damit vorhersagbar.

Die Eindeutigkeit dieses Nachweises sollte so manchen Astrologiekritiker zum Nachdenken anregen.

♄
Saturn

Die gleichen Ergebnisse brachten die Untersuchungen mit Saturn und Mars.

Die Befindlichkeiten wurden an Tagen mit Saturntransit durchwegs als signifikant beschwerlicher geschildert als an Tagen ohne diese Transitwirkung, wobei ich feststellen konnte, dass bei einem langwierigen Saturntransit über die Hauptachsen in einem Fall eine Phase tiefster Depression ausgelöst wurde, in einem anderen Fall die schwierigste Zeit seit Jahren erlebt wurde. – Astrologen wissen um diese Zustände.

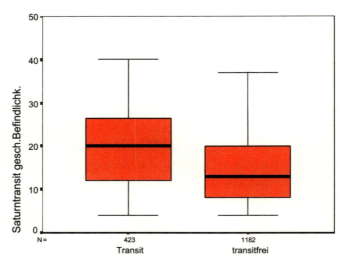

Unterscheidung zw. Transit und transitfrei

Die Darstellung der Boxplots zeigt durch den mittleren Querbalken den Median, die oberen und unteren Boxanteile zeigen die Quartile. Die vertikalen Linien geben die größten und kleinsten Werte an. Je schwieriger die Zeitqualität, desto höher die Bewertung.

Hier ist die Schwierigkeitsintensität durch die höhere Bewertung an Transittagen klar statistisch nachgewiesen.

Die Stimmungsschilderung der Probanden an Tagen, an denen ein Saturntransit stattfindet, ist durch die signifikanten Unterschiede der erschwerenden Ausprägungen ausreichend erklärt. – Dabei sind Einflüsse von Erfahrung mit Astrologie auf die Bewertung feststellbar, jedoch ließen sich keine durch Alter und Ausbildung feststellen. Die Erfahrung mit Astrologie zeigte wieder mehr Stabilität in den Emotionen als bei Personen ohne diese Erfahrung.

Die Stellung des Saturn im Tierkreis ist in den Ephemeriden nachschlagbar, das heißt, damit vorhersagbar, was zumindest eine Vorschau auf schwierigere Stimmungslagen zulässt.

Bei Saturn konnte eine hochsignifikant unterschiedliche Stimmungsbeschreibung festgestellt werden. In den täglichen Aufzeichnungen ragten die Beschreibungen von als »schwierig erlebbare« Zeitqualität in ihrer Intensität an Transittagen des Saturn heraus. Klar zeichneten sich die exakten Transite in schweren, depressiven und als gehemmt erlebten Zeitqualitäten ab. Gänzlich unabhängig waren die Schilderungen von der Art der Aspektierung, das heißt, dass kein Unterschied in der Emotion zwischen Quadrat oder Trigon geschildert wurde. Wieder zeigten sich schwere Zeiten sowohl bei Saturntrigonaspekten als auch bei Saturnquadratwinkel. (Trigon – der Winkel der 120° einschließt, Quadrat schließt 90° ein.)

In dieser Beschreibung unterscheidet sich die Bewertung meiner Probanden mit den Aussagen der klassischen Astrologie, sind in den astrologischen Lehrbüchern doch Quadrate als Behinderung und Trigone als erleichternde Aspekte angegeben.

Die Saturnwerte wurden als weniger beschwerlich geschildert, wenn gleichzeitig ein Aspekt eines Wohltäters stattfand. Diese Werte sind in der Statistik als Störfaktor bekannt. Wohltäter sind jene Planeten wie Sonne, Mond, Venus und Jupiter, die Gutes verheißen.

Bei starker Venusaspektierung oder Jupiterbestrahlung wurden keine erschwerenden Gefühle geschildert. Man könnte durchaus meinen, dass Saturn in Begleitung eines Wohltäters nur verdeckt beziehungsweise sehr vermindert wahrgenommen wird.

Ebenso wurde auch bei Saturn überprüft, ob nicht die Erfahrung mit Astrologie oder das Geschlecht Einfluss auf die Bewertung der Emotionen aufzeigt.

Dabei zeigte sich, dass die Erfahrung mit Astrologie die depressiven Stimmungen eher dämpft. Wahrscheinlich wissen, wie schon vorne angeführt, astrologisch kundige Personen, dass eben auch unangenehme Zeiten einem Wandel unterliegen.

In der folgenden Grafik sehen Sie die Darstellung der Probanden, die keine astrologische Erfahrung aufweisen, im Vergleich zu Personen, die sich schon mit Astrologie beschäftigten. Es zeigen die Mittelwerte kaum einen Unterschied in der Bewertung der »saturnischen« Emotionen.

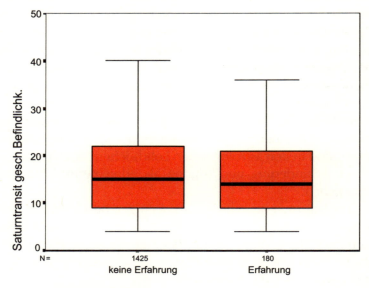

Erfahrung mit Astrologie

Die Darstellung der Boxplots zeigt durch den mittleren Querbalken den Median, die oberen und unteren Boxanteile zeigen die Quartile. Die vertikalen Linien geben die größten und kleinsten Werte an.

Weiters untersuchte ich einen möglichen Unterschied der Empfindungen zwischen den Geschlechtern. Ob Frauen und Männer unterschiedlich depressiv sein können.

Bei der Schilderung depressiver Stimmungen zeigten sich die weiblichen Probanden etwas intensiver als die männlichen Teilnehmer. Diese Werte lagen nicht im signifikanten Bereich. Dies entspricht zahlreichen Untersuchungen über

Depression, in welchen die Anlage zu depressiven Erkrankungen bei Frauen etwas höher liegt.

Hier könnte man phantasieren, ob dies nicht doch an der noch immer etwas unterdrückten Situation der Frauen liegt. Es wäre ein Anreiz, eine Untersuchung durchzuführen, wie die Zeitqualität von Frauen erlebt wird, die ausreichend wahrgenommen werden, gleiche Entlohnung erhalten wie männliche Kollegen usw. Kurz, wie oder ob sich die Depressionsneigung ändert, wenn Frauen in der Wertschätzung den Männern gleichgestellt sind.

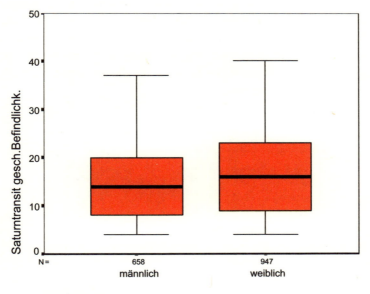

Hier wird die Depressionsneigung bei Frauen und Männern dargestellt. Der Mittelwert bei den weiblichen Probanden liegt etwas höher als bei Männern. Die Darstellung der Boxplots zeigt durch den mittleren Querbalken den Median, die oberen und unteren Boxanteile zeigen die Quartile. Die vertikalen Linien geben die größten und kleinsten Werte an.

Conclusio

Die Stimmungsschilderung der Probanden an Tagen, an denen ein Saturntransit stattfindet, ist durch die signifikanten Unterschiede der Schilderung erschwerender Befindlichkeiten ausreichend erklärt.

Die weiblichen Probanden schildern sich etwas intensiver in der Wahrnehmung der Befindlichkeitsdimension bei Saturnaspektierung. Die Versuchspersonen mit astrologischer Erfahrung zeigten schwach geringere Ausprägung in der als schwierig erlebten Stimmung.

Die erhöhten Werte beim Transitgeschehen des Saturn in Richtung unangenehmer Wahrnehmung waren bei Quadrataspekten, Konjunktion und auch bei Trigonaspekten gleich. Die oft von Astrologen gepriesene Stabilisierung durch Saturntrigonwinkel konnte in dieser Untersuchung nicht verifiziert werden.

Mars

Bei Mars konnte ich zwei Gruppen feststellen. Die einen zeigten ausgeprägtes Kampfverhalten mit Marstransit oder hatten echte Durchsetzungskrisen, die anderen lebten sportlich oder sexuell intensiv, doch dies durchwegs signifikant deutlich intensiver an Tagen mit Marstransit als an Tagen ohne Marstransit.

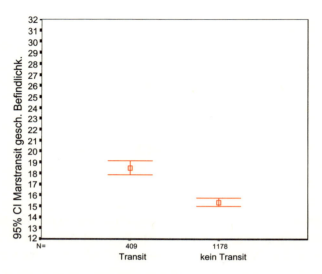

Trennung zw. Transit u. transitfrei

In dieser Abbildung wird die Aggressionsbereitschaft an Tagen mit und ohne Marstransit dargestellt. 95 % Konfidenzintervalle. Die oberen Querbalken entsprechen den oberen Konfidenzintervallgrößen. Die unteren Querbalken entsprechen den unteren Konfidenzintervallgrößen. Die Aggressionsintensität zeigt sich in der Zahlenskala.

Man kann in der oben gezeigten Abbildung den deutlichen Unterschied zwischen Tagen mit Transit und Tagen ohne diesen Marstransit feststellen. In der Statistik wird dies wieder mit »hochsignifikant« bewertet. Die Dimension Mars, die sich durch aggressive, durchsetzende Stimmung zeigt, ist in ihrer unterschiedlichen Beschreibung signifikant. Dies bedeutet, dass die aggressiv geschilderten Stimmungen zeitlich mit Marstransiten zusammenfallen.

Die durchwegs signifikanten Werte der Mittelwertsunterschiede zeigen den deutlichen Unterschied der Schilderung der Befindlichkeit an Tagen mit Marstransit und an Tagen ohne Marstransit. Die Interaktion der Geschlechtszugehörigkeit mit der Variablen erweist sich als bedeutungslos.

An Tagen mit Transit schildern die »Astrologiegläubigen« eine signifikant geringere Aggression als die »Ungläubigen«. Daher wurde das statistische Instrument der Kontrollvariablen gewählt.

Mit dieser Untersuchung soll kontrolliert werden, ob eine »Störvariable« für das signifikante Ergebnis verantwortlich ist. Damit ist bei dieser Untersuchung gemeint, ob das Geschlecht, das Alter, die Ausbildung oder das astrologische Vorwissen diese Untersuchungsergebnisse beeinflussen.

In der folgenden Grafik kann man die gleichen Mittelwerte beim weiblichen und männlichen Geschlecht erkennen. Die kleinen Knötchen liegen beinahe in derselben Wertigkeit.

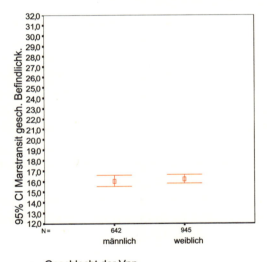

In dieser Abbildung wird der Unterschied der Aggresion zwischen Frauen und Männern dargestellt. 95 % Konfidenzintervalle. Die oberen Querbalken entsprechen den oberen Konfidenzintervallgrößen. Die unteren Querbalken entsprechen den unteren Konfidenzintervallgrößen. Man sieht deutlich, dass die erlebten Aggressionen oder triebhaften Wahrnehmungen keinen Unterschied beim Geschlecht aufzeigten.

In der Empfindung von Aggression herrscht ebenso Gleichberechtigung. Hier zeigt sich, dass Frauen genauso aggressiv sind wie Männer, sie scheinen nur etwas besser damit umgehen zu können. Frauen sind doch weit weniger in Gewaltdelikte verwickelt als Männer.

Auch im Wahrnehmen triebhafter Qualitäten ist beim weiblichen Geschlecht keine signifikante Reduktion gegenüber Männern feststellbar. Nachdem die starke Konsumation der männlichen Probanden immer mit dem doch ausgeprägteren Triebleben entschuldigt wird, scheint hier ein Missverständnis vorzuliegen. Die Frauen fühlen ebenso sexuelles Verlangen wie Männer. Sie gehen damit sichtlich etwas anders um. Möglicherweise können sie ihre Impulse besser kontrollieren. Vielleicht aber leben sie großteils nur disziplinierter oder verantwortungsbewusster. Vielleicht bewerten sie Beziehung anders und haben stärkere Schutzmechanismen, was Beziehungsleben betrifft.

Bei Kontrolle dieser Störvariablen durch die Kovariaten änderten sich die signifikanten Haupteffekte nicht. Die ebenso signifikant unterschiedlichen Ergebnisse der Erfahrung und des Alters sind nicht ausschlaggebend für die Signifikanz der Haupteffekte.

Damit ist die gleichzeitige Stimmungsveränderung mit der Transittätigkeit eindeutig nachgewiesen.

Meine Freude über die Ergebnisse war unermesslich. Diese Erkenntnisse dann in einer seriösen Diplomarbeit zu verarbeiten, war mir ein Anliegen.

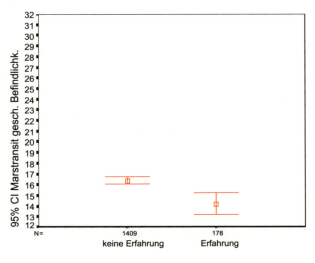

Erfahrung mit Astrologie

In dieser Abbildung wird die Aggressionsbereitschaft zwischen Probanden mit astrologischer Erfahrung und ohne astrologische Erfahrung gezeigt. 95 % Konfidenzintervalle. Die oberen Querbalken entsprechen den oberen Konfidenzintervallgrößen. Die unteren Querbalken entsprechen den unteren Konfidenzintervallgrößen. Schilderung der erlebten Aggression beziehungsweise triebhaften Wahrnehmungen bei Probanden mit astrologischem Wissen beziehungsweise Probanden ohne astrologische Kenntnisse.

In dieser Untersuchung sieht man die wesentlich geringere Ausprägung der Aggression bei Probanden mit astrologischer Erfahrung. Da müsste man die Astrologie in den immer mit Aggressionen konfrontierten Schulen verpflichtend einführen.

Möglicherweise ist die Einsicht ein wesentliches Produkt im Erkennen, dass manche Situationen in ihrer emotionalen Ausprägung unabwendbar sind, und vielleicht wird damit eine größere Akzeptanz erreicht.

Die Akzeptanz und Toleranz gegenüber Mitmenschen sind sicher wesentliche Aggressionsreduzierer.

Conclusio

Die Gleichzeitigkeit zwischen den Tagen, an denen Mars die persönlichen Punkte eines Horoskops bestrahlt, und den geschilderten aggressiven Empfindungen beziehungsweise sexuellen Aktivierungen ist signifikant. Dies lässt den Schluss zu, dass die Wahrnehmung der Probanden bezüglich Aggression und Triebhaftigkeit an gleichen Tagen stattfindet, an denen Mars die persönlichen Horoskoppunkte aspektiert.

Die Erfassung der Marstransite ist über Ephemeriden möglich, somit vorhersagbar. Hier wäre es sicher interessant, Anschlussstudien bei Gewaltverbrechern durchzuführen. Für die Forensik gäbe es da eine Unmenge an neuen Diplomarbeitsmöglichkeiten. Auch andere wissenschaftlich nutzbare Möglichkeiten könnte man in Erwägung ziehen.

Das Vorwissen um gefährdende Zeiten könnte sicher die Disziplinierung fördern.

Vergleich der Befindlichkeitsschilderungen

Um allen wissenschaftlichen Ansprüchen gerecht zu werden, wurden Varianzanalysen gerechnet. Varianzanalysen sind ein statistisches Verfahren, um Wirkungen anderer Dimensionen auszuschließen. Das heißt, hier wurde geprüft, ob diese Ergebnisse aufgrund anderer Faktoren zustande kamen.

Das Ausmaß der erklärten Varianz wurde mittels zweifaktorieller Varianzanalyse untersucht.

Weiters untersuchte ich den Unterschied der wahrgenommenen Emotionen zwischen Frauen und Männern zu Zeiten der Transite.

Die oben gezeigte Grafik zeigt deutlich, wie die Erfahrung mit Astrologie die Emotionen eher dämpft als verstärkt. Die unterschiedliche Wahrnehmung ist auch hier, nach der Untersuchung der Kovariaten, auf die Transite zurückführbar. Sollten interessierte Leser die Details prüfen wollen, verweise ich wieder auf meine Diplomarbeit (*Hueber*, siehe Literaturverzeichnis).

Die Haupteffekte zeigten sich, unabhängig von Wechselwirkungen, signifikant.

Die fehlenden Wechselwirkungen des Geschlechtsunterschieds mit der geschilderten Befindlichkeit lassen den Schluss zu, dass der signifikante Mittelwertsunterschied (der durchschnittlich gemessene Unterschied der erlebten Aggression) in der Schilderung der aggressiven Stimmung der Probanden nicht durch andere Faktoren beeinflusst wird. Der Parameter Geschlecht zeigte keine unterschiedliche Ausprägung.

Die Beobachtung der Mittelwerte zeigte die nahezu gleiche Verteilung der Werte zwischen männlichen und weiblichen Probanden. Somit fiel dieser Parameter als Verursacher für die unterschiedliche Beurteilung aus. Das heißt, lediglich die Transitwirkung fand sich gleichzeitig mit den veränderten Emotionen. Geschlecht, Erfahrung mit Astrologie, Alter und Ausbildung – die ich in meiner Untersuchung auch prüfte – hatten keinen Einfluss auf die Ergebnisse.

Die genaue Ausführung über den nicht nachweisbaren Einfluss von Alter und Ausbildung meiner untersuchten Personen will ich Ihnen ersparen. Es ist trockene Statistik und für interessierte Leser in meiner Diplomarbeit einsehbar. *(Hueber)*

Die Haupteffekte sind signifikant.
Das Ergebnis zeigte einen signifikanten Einfluss des Parameters Erfahrung mit Astrologie auf die Haupteffekte.

Diese Effekte sind jedoch in der gegenteiligen Richtung festzustellen, als man sie erwarten würde. Nimmt man doch an, dass ein Astrologieerfahrener an Tagen, an denen Mars seine persönlichen Punkte bestrahlt, sich aggressiver wahrnimmt als an unaspektierten Tagen. Genau das Gegenteil ist der Fall: Gelassener lässt er die marsische Zeit vorübergehen und lässt sich durch derlei Transittätigkeit nicht aus der Ruhe bringen.

Eine Wechselwirkung war durch das nicht signifikante Ergebnis auszuschließen. Wiederum zeigte die Untersuchung, dass Personen, die »astrologiegläubig« sind, geringere Aggressionen aufweisen als »Ungläubige«.

Möglicherweise spielt hier eine Art von Anerkennung, Akzeptanz bestimmter Umstände eine Rolle und fördert damit einen leichteren Umgang mit negativen Emotionen.

Die weiteren Varianzanalysen mit den Parametern Alter und Ausbildung will ich dem Leser ersparen, es zeigten sich durchwegs signifikante Werte in den Haupteffekten, jedoch kein Einfluss von Alter und Ausbildung.

Kritik

Die Evaluierung der Ergebnisse dieser Studie ist ein Schritt in ein Gebiet, welche extreme Kritik hervorruft. Einige Kritikpunkte, die ich selbst in dieser Arbeit ausmachte, seien hier aufgezählt.

- Tagebuchbogen
  Die Eintragungen konnten in keiner Weise hinterfragt werden. Die Eintragungen fanden in der natürlichen Umgebung der Versuchspersonen statt. Es konnten weder Beobachtungen noch Überprüfungen der erlebten Situationen stattfinden.

- Störvariable
  Die Beeinträchtigung der Daten durch Störvariable kann nicht ausgeschlossen werden. Jedoch ist aufgrund der umfangreichen Stichproben ein systematischer Einfluss nicht wahrscheinlich.

- Stichprobe
  Die Stichprobe unterscheidet sich in der Zusammensetzung von der Gesamtpopulation. Die soziodemokratischen Daten entsprechen nicht der Verteilung in der Bevölkerung. Die weiblichen Versuchspersonen betrugen 60,9 Prozent und bildeten dadurch einen Überhang. Die Akademiker herrschten durch 43,3 Prozent vor, ebenso war die Altersgruppe der zirka 45- bis 60-Jährigen mit 31,2 Prozent am stärksten vertreten.

Zusammenfassung

- Empirische Forschungen
  Gauquelin, Professor am Psychologischen Institut an der Sorbonne, fand, dass Offiziere und Sportler in ihren Horoskopen durch eine starke Marsstellung charakterisiert sind. *Stark* replizierte diese Studie. Sie stellte sich als richtig heraus.

- Operationalisierung der Untersuchungen
  Die Operationalisierung in astrologischen Untersuchungen erweist sich als äußerst schwierig durch die Komplexität des Materials.
  Der Nachweis, ob überhaupt eine wahrnehmbare Wirkung festzustellen ist beziehungsweise ob menschliche Emotionen gleichzeitig mit Transiten von Planeten eine Veränderung erfahren, war Gegenstand dieser Untersuchung.

Nun zu den korrekt statistisch aufgestellten Hypothesen:
Gerichtete Hypothesen wurden geprüft.

1. Hypothese: Es gibt jupiterhafte Qualitäten.
   Nullhypothese 1: Es gibt keine Zuteilung zu jupiterhafter Qualität.
2. Hypothese: Es gibt saturnhafte Qualitäten.
   Nullhypothese 2: Es gibt keine Zuteilung zu saturnhafter Qualität.
3. Hypothese: Es gibt marshafte Qualität.
   Nullhypothese 3: Es gibt keine Zuteilung zu marshafter Qualität.
4. Hypothese: Die Zeitpunkte dieser Wahrnehmung sind astrologisch vorhersagbar.
   Nullhypothese 4: Die Zeitpunkte dieser Wahrnehmung sind nicht vorhersagbar.
5. Hypothese: Es besteht ein Unterschied in der Wahrnehmungsschilderung zwischen Astrologiegläubigen und Ungläubigen.
   Nullhypothese 5: Es besteht kein Unterschied in der Wahrnehmungsschilderung zwischen Personen mit astrologischer Erfahrung und Personen ohne astrologische Erfahrung.

Drei Planeten, Jupiter, Saturn und Mars, wurden durch Eigenschaftsitems charakterisiert. Mittels Faktorenanalyse wurden die Daten untersucht. Es konnten drei echte Faktoren gefunden werden. Dabei stellten sich die gesuchten drei Dimensionen (Jupiter, Saturn und Mars) fast zur Gänze dar. Faktorenanalyse ist ein statistisches Verfahren, in dem verschiedene Eigenschaften zu größeren Gruppen zusammengefasst werden.

Conclusio

Die Faktorenanalyse zeigt die Präsenz der Dimensionen von Saturn, Jupiter und Mars, was für die Gültigkeit der Hypothese 1 bis 3 spricht.

Ergebnisse

- Hypothese 1 bis 3: Wahrnehmbarkeit von Jupiter, Saturn und Mars
  Die Ergebnisse der Faktorenanalyse lassen den Schluss zu, dass zu Zeitpunkten, an denen Saturn, Jupiter oder Mars die persönlichen Punkte eines Horoskops durch einen Transit bestrahlten, dies für den Menschen wahrnehmbar ist – womit Hypothese 1 bis 3 gültig ist.

- Hypothese 4: Vorhersagbarkeit der Zeitpunkte der Wahrnehmbarkeit
  Ferner ist mithilfe von Transiten die Vorhersage emotionaler Zustände von freudiger, beschwerlicher und aggressiver Qualität vorhersagbar. Daher hat die gerichtete Hypothese 4 Gültigkeit. Die Aussage ergibt sich weitgehend durch Untersuchung von zweifaktoriellen Varianzanalysen, vor allem aber durch die signifikant unterschiedlichen Ausprägungen der Befindlichkeitsschilderungen an Tagen mit Transit und an Tagen ohne Transit.
  Die Prüfung der Kovarianten schloss Einflüsse durch Persönlichkeitsvariablen, wie Geschlecht, Alter, Ausbildung und astrologisches Vorwissen, aus. Die Signifikanz blieb trotz Einflüssen von Alter, Geschlecht, Erfahrung und Ausbildung auf manche Werte erhalten.
  Zusätzlich waren bei Mars die Korrelationen zwischen »Prognose« und Wahrnehmung signifikant. Hohe Transitqualität korrelierte mit erhöhter Befindlichkeit der Dimension.

- Hypothese 5: Betreffend der Unterschiede der Interpretation zwischen Personen mit astrologischer Erfahrung und Personen ohne astrologische Erfahrung. Diese Hypothese hat nur teilweise Gültigkeit.
Nachdem kein Proband über genaue Transite Bescheid wusste, war die Erwartung der Beeinflussbarkeit der Wahrnehmung durch Erfahrung mit Astrologie gering. Die unterschiedliche Schilderung der Wahrnehmung dürfte kausal nicht mit dem Vorwissen durch die Erfahrung mit Astrologie zusammenhängen, da die Schilderungen bei Saturn und Mars schwächer ausfielen. Bei Jupiter zeigte sich kein Unterschied in der Wahrnehmung der Probanden. Diese Ergebnisse decken sich nicht mit den Untersuchungen von *Eysenck* und *Peter Niehenke*, die verstärkte Schilderungen durch Selbstattribuierung erreichten.

Conclusio

Hier will ich die trockene statistische Aussage klären: durch Ephemeriden, das sind Tabellen der Sternstände, ist die Position der Planeten einsehbar. Durch diese Einsichtnahme kann man erfahren, wann bestimmte Planeten auf Punkte eines Horoskops fallen. Das will ich mit Vorhersagbarkeit von Emotionen ausdrücken. Jeder Mensch, der die Ephemeriden zu lesen versteht, dazu noch sein Horoskop kennt, kann seine emotionalen Zustände vorhersagen.

Die Vorhersage emotionaler Veränderung zu Zeiten von Planetentransiten auf individuelle Horoskoppunkte ist aufgrund dieser Studie möglich. Die Daten zeigen jedoch, dass nicht alle Probanden zu Transitzeiten dieser emotionalen Veränderung unterworfen sind. Dies bezieht sich auf Transite, die durch zusätzliche Aspektierung ihre Dominanz verlieren.

Kausalität für diese Ergebnisse zu finden war nicht Gegenstand dieser Studie. Ich habe lediglich die Gleichzeitigkeit von Transit und Stimmungsbild aufgezeigt.

Wie lassen sich nun solche Ergebnisse in astrologische Vorhersagen verpacken? Ich denke, dass bestimmte Stimmungsbilder auch bestimmte Schicksalsneigungen provozieren.

Ein Mensch mit optimistischer Haltung wird sicher anders an Situationen herangehen, als ein in sich gekehrter, missmutiger Geselle es vermag.

Ein aggressiver Typ wird leichter in Konflikte geraten als ein ständig ausgleichend wirkender.

Ich meine aber, dass es doch gewagt ist, darauf detaillierte Aussagen aufzubauen. Ich bin sicher, dass Stimmungsbilder vorhersagbar sind, doch wodurch diese Stimmungsbilder hervorgerufen werden, vermag die Astrologie nicht vorherzusagen. Die Situationen, die erlebt werden, passen sicher in das Bild der Konstellationen, sind aber im Vorhinein nicht detailliert beschreibbar.

Der Leser möge mir den trockenen Inhalt des zweiten Kapitels verzeihen, er ist jedoch für all jene gedacht, die an einer Untermauerung von aufgestellten Behauptungen interessiert sind, sowie für jene, die ein wenig von Statistik verstehen und die Untersuchung nachvollziehen wollen.

Dieser wahrhaft trockene Teil ist deshalb notwendig, da er den naturwissenschaftlichen Nachweis für die Synergie von Transiten und Emotionen erbringt. Dieser Nachweis beruht nicht auf Korrelationen, denn es kann das Wachstum von Karotten mit der Milchproduktion einer Kuh zufällig korrelieren, er beruht nicht auf Häufigkeiten, die ja nicht als überzeugende Beweisführung Gültigkeit haben, sondern es waren Mittelwertsvergleiche mit Covariationen, die eine andere Einwirkung der Haupteffekte ausschließen. Dieser

Nachweis ist somit ein gültiger naturwissenschaftlicher statistischer Beweis für die Synergie der Transite und der zugehörigen Emotionen.

Nun war die Beweisführung abgeschlossen, und ich konnte damit Überlegungen anstellen: welchen Nutzen kann ich daraus ziehen? Beziehungsweise: welchen Nutzen können Astrologie und mögliche Vorhersagen einer ratsuchenden Person bringen?

TEIL 3

Im ersten Kapitel habe ich die notwendigsten astrologischen Grundbegriffe beschrieben, im zweiten Kapitel quälte ich Sie mit trockenen statistischen Nachweisen. Im dritten Kapitel will ich versuchen, die Vor- und Nachteile von astrologischen Beratungen aufzuzeigen. Hier möchte ich zur Warnung festhalten, dass es auch Missbrauch in astrologischen Sitzungen geben kann. Auch werde ich Ihnen beschreiben, wie man Astrologie durchaus als sinnvolle Hilfe bei Entscheidungen nutzen kann.

Die astrologische Seite in den Zeitungen wird von vielen gelesen. Jeder meint, es sei Unsinn, doch lustigerweise merkt man sich den astrologischen Inhalt dieser Zeitungsenten recht gut. Niemand zieht es in Betracht, dass diese Zeitungshoroskope weder den Zeitpunkt der Geburt noch den Ort berücksichtigen, dass diese Aussagen also keine Gültigkeit haben können.

Selbst von »Intellektuellen« konnte ich immer wieder hören, dass sie diesen astrologischen Nonsens überfliegen, darüber lächeln und im Hintergrund doch eine leicht abergläubische Qualität verspüren. Vielleicht dient ein Zeitungshoroskop ja auch als eine Bestätigung, mit deren Hilfe kleine Unzulänglichkeiten im Alltag verziehen werden können, da ja die Sterne die Schuld für ein mögliches Unglück tragen. Wer schiebt nicht gerne anderen die Schuld für Unheil zu?

Vielleicht hat es doch Bedeutung, wenn positive Inhalte vermittelt werden. Gute Inhalte werden aufgenommen und stärken die optimistische Haltung. – Vielleicht könnte doch was dran sein? Wer glaubt nicht gerne an sein Glück?

Nun, die Zeitungshoroskope kann man tatsächlich nur humoristisch betrachten. Sie können in keiner Weise auf die Individualität eines Menschen eingehen. Meist werden dabei 30 Grade eines Zeichens beschrieben, und es können niemals die höchstpersönlichen Konstellationen eines Menschen berücksichtigt werden.

Im Telefonservice kann man ebenso die täglichen Konstellationen erfahren. Noch einmal: Diese Horoskopinformationen sowohl in Zeitungen als auch im Telefonservice gehen nicht auf eine individuelle Geburt ein und sind daher Unfug. Hier könnte man genauso gut würfeln, um zu einer Aussage zu gelangen.

Mittlerweile haben sich im Internet unzählige Astrologieseiten eingenistet, die wohl aufgrund der genauen Geburtsdaten ein Horoskop errechnen und interpretieren. Hier wird schon ein wenig genauer auf die Individualität Rücksicht genommen, doch werden standardisierte Aspektformeln verwendet, die durchaus gegensätzliche Inhalte ausdrücken können. Da steht der arme Beratene wieder vor einem Dilemma. Welche der beiden Variationen stimmt für ihn? Wie soll ein Computer mit fixen Formeln auf die Konfliktsituation eines Nativen eingehen und aus der Komplexität den Schluss ziehen?

Wir Menschen sind das Produkt unserer Konflikte, das Produkt aus Anlage und Umwelt – für die Anlage hätte so ein Horoskop schon eine mögliche Aussagekraft. Was die Umwelt aus uns formt, ist auch von unserer Persönlichkeit – die überdauernde Qualität unserer Wesenheit – großteils abhängig.

In der Astrologie geht es nicht nur um Stellung eines Planeten in einem Zeichen, es geht auch nicht nur um Aspektierung eines Planeten durch einen anderen. Die Software kann die Stellung eines Planeten im Zeichen beschreiben und wiederum die Stellung desselben Planeten im Haus. Aber selbst darin kann schon ein Konflikt liegen, den die Software nicht beschreiben kann.

Im Horoskop geht es um ein ungemein komplexes Geschehen, eine Vielfalt von Aspekten, Zeichen- und Hausbesetzung, an Nähe zu Hauptachsen, Herr des Zeichens, Herr des Hauses und vieles mehr. Hier kann ein Computer mit den Ausschlusskriterien durch Ja und Nein nicht ausreichend interpretieren. Hier ist ein einfaches, mit Erinnerungen an Erfahrenes, menschliches Gehirn noch unübertroffen.

Gefährlich wird der Umgang mit Astrologie, wenn man meint, das Leben sei determiniert, die Handlungsweisen zwingend, und man habe ohnedies keine Möglichkeit zur Selbstbestimmung.

Ist eine Entscheidung fällig, sollte man diesen Prozess der Entscheidungsfindung etwas hinterfragen. Um Klarheit für eine Lösung zu finden, sucht man sich die seltsamsten Hilfsmittel aus. Wie oft passiert es, dass eine Entscheidung vor einer Person steht, die nach dem Abwägen mehrerer Faktoren gefällt wird. Diese Wahlmöglichkeit vermittelt das Gefühl, frei entscheiden zu können. Dieses »Soll ich, soll ich nicht«, ein Spiel mit Möglichkeiten, welche wahrscheinlich alle unterschiedlichen Konsequenzen nach sich ziehen, wird subjektiv als Freiheit wahrgenommen.

In der Phase der Entscheidung trifft man die Wahl für den weiteren Ablauf eines Themas, welches zu einer bestimmten Zeit aktuell wurde. Diese Aktualität eines Themas allein, die Konfrontation mit einem Inhalt, ist durch schicksalhafte Fügung gegeben. Die abstrakte Thematik ist im Horoskop zu sehen. Der Zeitpunkt der Konfrontation mit diesem Thema ist berechenbar. Somit ist der Zeitpunkt der Aktualisierung eines Themas möglicherweise vorgegeben. Zumindest könnten die Untersuchungsergebnisse *Gauquelins* und auch meine Untersuchungen einen solchen Schluss zulassen. Der individuelle Umgang mit einem Inhalt ist jedermanns beziehungsweise jederfraus eigene Art der Bewältigung. Die Art und Weise einer Auseinandersetzung mit bestimmten Themen ist sicher ein Teil Anlage, ein Teil Erziehung und außerdem von unzähligen situativen Parametern abhängig.

Den zu beschreitenden Weg mit den zugehörigen Folgen selbst zu wählen, macht die Freiheit aus. Konsequenzen, die sich aus der getroffenen Wahl ergeben, sind wiederum in ihrer inhaltlichen Charakteristik, in der Art der subjektiven Wahrnehmung auch astrologisch sichtbar. Zumindest treten die Stimmungsbilder gleichzeitig mit astrologischen Entsprechungen auf.

Entscheidungshilfe, jedoch nicht Entscheidungsdiktat, lasse ich in Form eines astrologischen Rats gelten. Ich versuche dennoch, meine Klienten und Klientinnen auch die logischen Vorgangsweisen einer Entscheidung durchdenken zu lassen. Und zwar Überlegungen wie: Gibt es einen logischeren Weg für diese Entscheidung, für wen ist diese Entscheidung bedeutungsvoll, und wer ist von den Folgen meiner Entscheidung betroffen? Ist für eine Entscheidung auch die ausreichende Information eingeholt worden?

Wenn ich nur minimale Information habe, bleiben mir viele Wege einer möglichen Entscheidung verborgen. Welche Möglichkeiten hat der Klient/die Klientin, gibt es nur gute Entscheidungen, oder muss man auch eine Entscheidung treffen, wenn man nur eine Variante wie »Die-am-wenigsten schlechte-Entscheidung« vorfindet?

Sämtliche Folgen durch die Wahl eines Weges werden weitere Inhalte eines Horoskops aktualisieren, diese Themen passen wieder in das Gesamtkonzept der Schicksalssymbolik, welche durch ein Horoskop abstrakt dargestellt wird.

Denn das Symbol als ein Zeichen, mit dem eine Bedeutung verbunden ist, kann wirklicher Informationsträger sein. Alle anderen Parameter, die zu einer »Prognose« führen, sind Intuition und Erfahrung.

Wird man zum Beispiel mit dem Inhalt »Kampf gegen alte Strukturen« konfrontiert, dann will ich kurz eine Palette der möglichen Auslösungen, die ja nur Symptome des horoskopisch dargestellten Inhalts sind, aufzeigen. Kampf gegen alte Strukturen entspräche einem Spannungsverhältnis zwischen Mars und Saturn. Mars als Signifikator für Kampf und Saturn als Symbolträger für starre Strukturen.

Auf der geistigen Ebene kann es einen Angriff auf alte, eingefahrene Theorien bedeuten. In der Wissenschaft könnte es bedeuten, dass von einer althergebrachten Theorie Abstand genommen wird, weil eine neue Erkenntnis das alte Wissen umstürzt.

In familiärer Hinsicht könnte es ein Beseitigen alter Traditionen, möglicherweise die Auseinandersetzung mit der väterlichen konservativen Autorität bedeuten.

Auf der körperlichen Ebene kann es sich als Knochenbruch zeigen: Angriff auf das starre System in einem Körper. Der Knochen als starres Element, der zerstörerische Angriff durch Mars entspräche dieser Konstellation.

In der Beziehungsebene kann es die kämpferische Loslösung aus verfahrenen Situationen bedeuten. In einer reinen operativen Art oder Tätigkeit könnte es die Handlung beschreiben, wenn zum Beispiel ein Pressluftbohrer in Beton eindringt. Die Phantasie könnte noch eine Unzahl von Möglichkeiten aufzählen und dennoch die Variante nicht finden, die gerade von jemandem tatsächlich gelebt wird. Fazit beziehungsweise der abstrakte Inhalt lautet: Starre Strukturen werden attackiert. So sollte die Aussage lauten. Sicher muss man dabei noch Häuser und Aspektierungen in Betracht ziehen und kann damit die Art der Auslösung, das aktualisierte Ereignis, etwas einschränken, doch Hauptinformation ist der symbolische Gehalt.

Über den Informationsgehalt, der sich aus Intuition, Erfahrung und unter Umständen aus Spekulation zusammensetzt, sollte man den Klienten stets in Kenntnis setzen, um

»full filling profecy« – das Erfüllen von prophetischen Äußerungen – zu vermeiden.

Die Qualitäten der Planeten kann man gut wahrnehmen, wenn man die kleinen Ereignisse des Tages genau nach Konstellationen untersucht. Die differenzierte Wirkweise von Konstellationen lässt sich dabei am leichtesten nachvollziehen. Nach der Regel: Wie im Großen, so im Kleinen – dem holistischen Weltbild nach –, zeigen sich die Konstellationen in der Verkleinerung sehr deutlich. Das holistische Weltbild betrachtet die Welt ganzheitlich, was durch die Quantenphysik bewiesen wurde.

Das Wahrnehmen kleiner alltäglicher Situationen lässt Schlüsse auf die großen Ereignisse zu. Ich denke dabei zum Beispiel an gewöhnliche Telefongespräche; während man beim Telefonieren die kosmische Uhr auf dem Computer laufen lässt und die eigenen Emotionen beobachtet, dabei die sich wandelnden Konstellationen betrachtet, entsteht ein gutes Gefühl für Zeitqualitäten. Man lernt die Wahrnehmung kleinster Dissonanzen und erkennt damit den Zusammenhang mit planetaren Charakteristiken. Wenn ich ein Gespräch beschreiben kann: Man plaudert mit einer Freundin, während man die laufenden Konstellationen am Bildschirm mitbeobachtet. Handelt das Gespräch von Kindern, so kann man sehen, dass Merkur in Achsenbindung steht. Das Thema wechselt zum Todesfall eines Bekannten, dann wird man eine Saturnbindung feststellen. Nicht immer sind die Konstellationen so deutlich. Ich will damit nur beschreiben, wie die Themen mit den planetaren Konstellationen mitlaufen.

Wie oft muss man bei schlecht verlaufenen Ereignissen bei nachträglicher Prüfung der Zeitqualität zur Erkenntnis kommen: »Wie konnte man nur diesen Zeitpunkt wählen?«

Es gibt so genannte Depressionskonstellationen wie Saturn-Sonne-Verbindungen oder Saturn-Neptun-Verbindungen. Es ist kaum anzunehmen, dass diese Stimmungsschwankungen durch Planeten direkt auf uns ausgelöst werden, vielmehr ist es ein synchrones Geschehen, das wie eine Uhr die Zeit anzeigt, hier die Qualität der Zeit beschreibt. Die Konstellationen scheinen gleich einer Landkarte, die auch nicht die echte Landschaft wiedergibt, sondern nur ein Abbild davon. Das Gleiche läuft in der Grafik eines Horoskops ab, in dem die Stimmung als Zeitqualität widergespiegelt wird.

Es geht immer um Symbole und Prinzipien, die aufeinander stoßen oder sich potenzieren können. Die Planetenprinzipien, die im ersten Kapitel beschrieben wurden, sind Symbolträger der zu lebenden Inhalte. Prinzipien sind immer die komplexe Eigenschaftspalette, hingegen eine Eigenschaft ist ein Detail der Wirkweise eines Planeten.

So wird eine Venus-Saturn-Verbindung ständig mit einem Liebesempfinden, das entweder durch starke Struktur, Verpflichtung, Altersunterschied oder erschwerende Umstände gezeichnet ist, begleitet sein. In einer unangenehmen körperlichen Auslösung könnte es sogar eine venerische Erkrankung beinhalten.

Das sexuelle Verlangen, welches durch den Marsstand seinen Ausdruck findet, wird je nach Zeichen, Haus und Aspektierung seinen Niederschlag finden. Ein Mars im Skorpion wird höchst aktiv und triebhaft zur Wirkung geraten. Ein Mars in der Waage wird eher die ästhetische Form des Liebesakts vorziehen. Ein Waagemars wird großen Wert auf das Ambiente und die vorhandene Stimmung mit angenehmer Kommunikation legen.

Ein Mars im Steinbock wird viel Zeit verstreichen lassen, bis er sich sicher ist, dieser Triebregung Folge zu leisten. Ein Mars im Wassermann wird möglicherweise plötzlich auf abenteuerliche Weise realisiert. Ein Jungfraumars wird zögern, abwägen, welche Gefahren dabei entstehen können, und lieber auf ein riskantes Liebesabenteuer verzichten, da er vorzieht, auf der sicheren Seite des Lebens zu stehen. Eher auf Abenteuer und Lebenserfahrung verzichten, als in eine gefährliche Situation zu geraten. Ein Mars im Stier will alles so genussvoll wie möglich absolvieren. Ein Widdermars wird, wenn er entfacht ist, so rasch wie möglich sein Ziel erreichen wollen, ohne Überlegung der möglichen Konsequenzen. Auch ein Schützemars wird ähnlich agieren, er wird sogar mehrere Liebesabenteuer gleichzeitig beherrschen, da ihm die ganze Welt, und natürlich auch die Frauen, gefällig sind. Die feurigen Marse, wozu auch ein Löwemars gehört, wollen auch bewundert sein, erobern, als dominanter Lover angesehen werden und immer hören, sie seien unschlagbar in ihrer Liebesfähigkeit.

Über die Stellung der Planeten im Partnerhoroskop kann man verstehen lernen, warum der eine Mensch atemberaubend empfunden wird, ein anderer wieder kaum wahrgenommen wird. Die Affinität zwischenmenschlicher Beziehungen zeigt sich vorwiegend durch Oppositionen und Konjunktionen in Partner oder Gegnerhoroskopen. Trigone unter wichtigen Planeten bei Partnern sind ergänzend, doch manchmal fördern sie die Langeweile, da ja alles, was ohne Anstrengung abläuft, nicht als Herausforderung empfunden wird.

Ein Mann wird sich dem Zauber einer Partnerin nicht entziehen können, wenn die Venus dieser Person in der Nähe der Sonne ihres Partners positioniert ist. Auch ein klarer Aspekt wie Trigon oder Quadrat der Venus zur Partnersonne wird eine Beziehung aktivieren. – So leicht sind Beziehungsfacetten durchschaubar. Venus bedeutet unter anderem die sinnliche Wahrnehmung, daher wird ein Aspekt mit der Sonne eines Partners die Verbindung in der Form herstellen, dass sein zentrales Bedürfnis (des Mannes) durch die Venus (der Frau) befriedigt wird. – Astrologisch völlig klar, warum ein Männchen zu einem Weibchen findet. Dennoch wird keine Beziehung haltbar sein, die nicht auch einige Nüsse zu knacken hat. Finden sich keine Schwierigkeitsgrade zwischen Partnern, dann wird die Beziehung zu schal. Gerade in der Bewältigung der schwierigen Aspekte liegt die Tiefe einer Beziehung. Man geht durch »dick und dünn« – dadurch wird echter Zusammenhalt geschmiedet. Nur harmonische Aspekte machen faul und gestalten den Beziehungsablauf zu selbstverständlich. Ohne Höhen und Tiefen sind Beziehungen keiner Abwechslung unterworfen. Stellen Sie sich vor, Sie erhielten täglich die gleiche Lieblingsspeise. Selbst wenn es einst Ihr Lieblingsgericht war, wird es Ihnen bald zum Hals heraushängen.

Durch die Platzierung der Venus in den Häusern zeigt sich das Gebiet, in dem man der Liebe den größten Platz widmet. So wird eine Venus im ersten Haus ständig sich selbst als Liebesziel empfinden, im zweiten Haus wird diese eher den materiellen Dingen zugewandt sein, eine Venus im dritten Haus wird ständig unterwegs sein und neue Kontakte suchen. Eine Venusstellung im vierten Haus wird ihre Familie und ihr Heim vorrangig behandeln. Im fünften Haus wird eine Venus den Flirt lieben und mit Kindern glücklich sein. Im sechsten Haus herrscht die Liebe zur Arbeit vor, und vielfach wird die Liebe eine Pflichtübung. Die Venus im siebenten Haus zeigt sich gerne in Schönheit und wird ständig auf der Suche nach Partner für die ewige Beziehung sein. Im achten Haus kennt die Leidenschaft keine Grenzen, man opfert sich für die Liebe. Im neunten Haus wird die Liebe eine Lebenseinstellung veranschaulichen, man sucht die Liebe unter geistigen Führern oder fernen Menschen und wird möglicherweise selbst tiefe Reflexionen und philosophische Abhandlungen als Liebesersatz annehmen.

Die Venus im zehnten Haus wird einen künstlerischen beruflichen Weg einschlagen. Diese Venusstellung entspricht einer Venus im Steinbock und zeigt die Liebe nur, wenn überhaupt, dort, wo die gesellschaftliche Stellung dies fördert. Sie braucht volles Vertrauen, ehe sie sich offenbart, dann wird diese Liebe sehr rational erklärt, um nur ja nicht in den Verdacht zu kommen, dass man emotional überschwemmt sei. Eine Venusstellung im elften Haus wird sich den Freunden widmen und ein sinnliches Abenteuer eher unter guten Freunden suchen.

Venus im zwölften Haus: Das Fischeprinzip ist hingebungsvoll, aufopfernd, manchmal ein wenig unsicher, wieviel Liebe an wen vergeben werden kann, daher wird sie auch öfter auf mehrere Personen verteilt. Hier liebt man das Kollektiv – oder ganz profan: Man liebt jemand, der nicht zugriffsfähig ist, wie etwa einen Priester oder eine/n unfreie/n Partner/in.

Nun verwirre ich Sie noch mehr, denn ich habe Ihnen die Stellung der Venus im Haus beschrieben mit möglichen Qualitäten. Das allein ist aber für die Art der venusischen Auslösung nicht ausreichend.

Die zahlreichen Parameter erhalten eine weitere Färbung durch die Aspektbildungen. Eine Venus, die von einem Jupiter im Trigon angestrahlt wird, kann optimale Bedingungen vorfinden und ständig in Liebe schwelgen. Zeigt sich ein Uranuswinkel zur Venus, so wird die planetare Qualität der Venus durch uranische Zwischenfälle, Abbrüche und Überraschungen abwechslungsreich und ohne Kontinuität gestaltet.

Im zehnten Haus gilt die Liebe der sozialen Stellung, für die alles geopfert wird, die Art, wie dies abläuft, wird durch Aspekte (Winkel) gefärbt. Hier muss man zur Hausstellung das Zeichen, in dem die Venus steht, und die Aspekte, die zu Venus von anderen Planeten getroffen werden, beachten. Keine Angst, ich erspare Ihnen diese weiteren Beschreibungen, da sie ja wieder nicht reichen würden, eine verlässliche Aussage zu treffen. Dazu müsste man die Qualität aller anderen Himmelskörper mitberücksichtigen. Ich wollte Ihnen damit nur aufzeigen, wie komplex die Interpretation eines Horoskops ist.

Es wirken Eigenschaften der Planeten durch ihre Stellung im Zeichen des Tierkreises; die Art, wie diese Zeichenqualitäten sich zeigen, werden durch die Aspekte eingebracht. Kurz, die Komplexität der Wirkung auch nur einer Position eines Planeten ist riesengroß, was die Gesamtheit eines Radix in der Interpretation äußerst schillernd gestaltet. Wenn dabei mit unzureichender Erfahrung vorgegangen wird, entstehen die Fehlleistungen, die von Kritikern aufgefangen werden.

Das heißt, dass keine Astrologie imstande ist, einen Rat zu erteilen, ob eine Beziehung gelebt werden soll oder nicht. Wenn die beiden Teilnehmer zu einer Beziehung bereit sind, wenn sie gemeinsam auch schwierige Klippen umschiffen wollen, dann soll dies wohl in deren eigener Entscheidungskompetenz liegen.

Man könnte astrologisch die Areale der potenziellen Schwierigkeiten bei Partnern abgrenzen beziehungsweise den abstrakten Inhalt der schwierigen Situationen beschreiben, doch die Bewältigungskapazität hängt vom Willen der Partner ab. Man kann natürlich nun wieder phantasieren, ja ist denn das nicht auch im Horoskop ersichtlich? Die Vielfalt der Planetenstellungen und Aspekte zeigt den zu aktualisierenden Zustand in einem Horoskop. Die symbolischen Inhalte, die wiederum individuell ausgelebt werden, indem sie inhaltlich der Konstellation entsprechen, jedoch im Detail keinem Diktat unterliegen, öffnen einen breiten Pfad von Auslösungen.

Man weiß, wie ausschlaggebend die Umwelt den Charakter eines Menschen färbt. Die Geburt eines Huhns kann gleichzeitig und unweit mit der Geburt eines Menschen zusammenfallen. Sie werden von der Anlage her ähnliche Charakterqualitäten haben. Das Schicksal wird sicher unterschiedlich verlaufen. Wenn das Huhn gerade in einer Bratpfanne endet, wird der zur gleichen Zeit geborene Mensch eine kritisches Phase wahrnehmen und doch nicht geschlachtet und gebraten werden. Damit will ich sagen, dass gleiche Uhrzeit und gleicher Ort der Geburt von zwei Wesen nicht eine idente Erlebniswelt aufweisen, jedoch in ihrem Schicksalsverlauf zu gleicher Zeit mit den jeweils vorhandenen Prinzipien konfrontiert werden.

Eine tatsächlich nutzbringende Information kann Astrologie vermitteln, wenn man meint, eine Handlung zum optimalen Zeitpunkt setzen zu wollen. Passiert es doch häufig, dass man eine Handlung setzen will und eine Unsicherheit fühlt, ob diese Handlung richtig oder falsch ist. Der Zeitpunkt wird verpasst, die gewünschte Situation kehrt nicht wieder, und die erwünschte Handlung ist endgültig als Versäumnis anzusehen.

Von Kairos – dem Gott des allmächtigen Augenblicks, dem Gott, welcher mit einer Haarlocke in die Stirn und einem kahlen Hinterkopf dargestellt wird – ist laut Poseidippos folgender Dialog überliefert (zitiert nach *P. Schmid*):

»Woher stammt der Bildhauer?«
»Aus Skyon.«
»Wie heißt er?«
»Lysipp.«
»Aber wer bist du?«
»Kairos, der alles bezwingt.«
»Warum gehst du auf Zehenspitzen?«
»Ich laufe unablässig.«
»Warum hast du an beiden Füßen Flügel?«
»Ich fliege wie der Wind.«
»Warum trägst du in der rechten Hand ein Messer?«
»Um die Menschen daran zu erinnern, dass ich, der günstige Augenblick, spitzer bin als jede Spitze!«
»Aber warum fällt dir eine Haarlocke in die Stirn?«
»Damit mich greifen kann, wer mir begegnet!«
»Warum bist du kahl am Hinterkopf?«
»Wenn ich mit geflügelten Füßen an jemandem vorbeigeflogen bin, wird mich keiner von hinten erwischen, sosehr er sich mühte!«
»Aber zu welchem Zweck hat der Künstler dich geschaffen?«
»Euch, ihr Menschen, zur Lehre hat er mich hierher in den Vorhof der Palästra gestellt.«*

---

* Peter F. Schmid, Personenzentrierte Gruppenpsychotherapie, Edition Humanistische Psychologie EPH, Köln 1994

Schmid schreibt weiter:

»... eine Gelegenheit beim Schopfe packen. Der günstige Moment wird hier ›zum Greifen‹ dargestellt. Wer dem Gott des Augenblicks, ›der alles bezwingt‹, begegnet, hat nur einmal – im Moment der Begegnung – die Gelegenheit anzupacken; dann ist die Chance ein für alle Mal vorbei. Auf diesen einen Moment ist alles ›zugespitzt‹. ›Nichts in der Welt schneidet so scharf wie ich selbst‹, könnte man auch übersetzen; das heißt: Mit dem Kairos steht alles auf des Messers Schneide ...«

»Kairos«, der Zeitpunkt, auf den es ankommt. Das genau ist der verständliche Grund für die Konsultation eines Astrologen.

»Damals hätte ich wissen sollen, damals hätte ich dies oder jenes tun sollen ...« Das sind Gedanken, die quälen können.

Hat eine bestimmte Stunde gute Qualität, oder muss man mit üblen Folgen rechnen? Um dieser Unsicherheit zu begegnen, sucht man Bestätigung und Klärung bei Ratgebern, also auch bei Astrologen/Astrologinnen. Dabei zeigt sich die Wichtigkeit für den Berater, nur auf den qualitativen Inhalt hinzuweisen.

Leid im Horoskop wird meist durch die Stellung des Saturn angezeigt, er prägt durch seine Qualität die Art der Leidensfähigkeit. Die Stelle Saturns zeigt das Gebiet, in dem man sich minderwertig fühlt. Die Häuserposition gibt eine Aussage über das Lebensgebiet, in dem man den vom Schicksal zugeteilten Leidensweg zu absolvieren hat. Kommt nun ein Partner mit Konstellationen, die diesen Saturn genau treffen, dann gelingt es diesem Partner, die Wunde zu berühren. Die Schwachstelle, die ein Saturn symbolisiert, wird offengelegt. Ist diese Beziehung vertrauensvoll und zeigt sie Bereitschaft, einander zu verstehen, dann ist das Aufzeigen der eigenen Schwächen unter Umständen entlastend; ist die

Beziehung nicht auf Tiefe und Verständnis und Gegenseitigkeit ausgerichtet, dann kann das Leid potenziert werden. Ich will damit sagen, dass solche »Wundenbesetzungen« nicht in einer Beratung als vernichtend dargestellt werden sollten, sondern man kann hier die Frage nach einer reifen Auseinandersetzung mit dem Partner aufwerfen. Oftmals wird von Beziehungen abgeraten, in denen der Saturn des einen auf einen Planeten des anderen trifft. Die Beratenden versuchen auf diese Art Leid zu verhindern und nicht aufzulösen.

Ein sinnvolles Arbeiten an wunden Stellen kann heilen. Daher würde ich auch in solchen Fällen nur beschreiben und nicht raten. Ich denke, kein Astrologe kann die Verantwortung übernehmen zu entscheiden, ob in einer Partnerschaft ein gegenseitiges Heilen durchführbar ist oder nicht. Diese Entscheidung sollte man wohl nur den Betroffenen überlassen.

Als ich einmal zu einer astrologischen Runde im Fernsehen geladen wurde, riet eine Astrologin einem Klienten zu einer beruflichen Karriere mit allen Attributen, die sonst nur Personalberatungsunternehmen durchführen. Das ist glattweg Humbug. Es gibt keinerlei Anhaltspunkte, die solch einen Rat rechtfertigen.

Kein Horoskop ist imstande, eine klare Aussage über Fähigkeiten und Fertigkeiten, die für einen bestimmten Beruf vonnöten sind, abzugeben. Man weiß zwar, und es wurde auch statistisch durch *Gauquelin* erwiesen, dass eine kulminierende Venus überdurchschnittlich oft eine künstlerische Tätigkeit ausweist. Jedoch ist dies kein Dogma.

Die vorhandenen Talente, wieder in unendlich vielen Variationen, kann man benennen.

Man kann nicht von jedem stark im Zeichen Jungfrau besetzten Menschen erwarten, dass er Uhrmacher, Buchhalter oder Computerfachmann als Berufsziel wählt. Lediglich der Hang zur Präzision und zum analytischen Denken kann man den Jungfrauqualitäten zuschreiben. Der Umgang damit, was er mit seinen Qualitäten anfängt, liegt wohl im Ermessen des Jungfraugeborenen selbst.

Die mittlerweile recht aussagekräftigen psychologischen Leistungs- und Persönlichkeitstests sind für die Beurteilung von speziellen Fähigkeiten sicher das Instrument, welches in der Klärung für Berufseignungssituationen unschlagbar ist.

Ein Horoskop vermag nur sehr abstrakte Tendenzen sichtbar zu machen, doch auch hier ist die Vielfalt von Möglichkeiten enorm. Annähernd mag man die Vorlieben oder interessierenden Gebiete im Horoskop ausmachen, doch niemals eine klare Klassifizierung der Fähigkeiten und Fertigkeiten abgeben. Nicht jede Person, welche die Venus in einem Wasserzeichen stehen hat, liebt die Schifffahrt – aber ein relativ großer Prozentsatz.

Als höchst bedenklich finde ich die Anwendung oder Verwertung der Astrologie, wenn man meint, damit manipulieren zu können. Damit meine ich Klienten und Klientinnen, die versuchen, durch Verwenden der Daten von Mitarbeitern und Mitarbeiterinnen oder Personen, die für sie wichtig sind, diese zu bestimmten Tätigkeiten anzuregen. Zum Beispiel: einen Zeitpunkt für Motivation zu wählen, zu dem man sieht, dass diese/r Mitarbeiter/in weich und schwach ist, sich nicht zur Wehr zu setzen vermag. Dabei differenziere ich zwischen dem Nutzen von Gegebenheiten und dem Warten auf Zeitpunkte, in denen nur der eigene Vorteil vermutet wird. Das Nutzen von Gegebenheiten lässt sich am ehesten mit einem Okkasionsverkauf vergleichen. Für eine Aufgabe oder ein Projekt nutzt man die günstigen oder nach Möglichkeit optimalen Konstellationen. Wenn man im Ausverkauf etwas sieht, das man noch dazu gerade sucht, dann wird man sicher zugreifen, da man im richtigen Augenblick das richtige Stück gefunden hat. So kann man auch das Nutzen günstiger Konstellationen astrologisch durch Berechnungen optimieren, doch nicht als sicher erfolgversprechend verkaufen.

Gute Aspekte für wichtige Anlässe nutzen – das ist legitim. Wenn man davon ausgeht, dass Stimmungsbilder und Emotionen gleichzeitig mit bestimmten Konstellationen einhergehen, dann kann man durchaus an Tagen, an denen wichtige Entscheidungen zu treffen sind oder eine bedeutungsvolle Handlung zu setzen ist, optimale astrologische Qualitäten wählen. Tage, an denen »Wohltäter« im Horoskop günstig gelagert stehen, tragen stets zu Stimmungsaufhellungen bei. Zumindest kann man sichergehen, dass die zu fällende Entscheidung bei guter Stimmung abläuft. (Meist ist eine gute Stimmung an Erfolg gekoppelt). Daher die etwas höhere Chance, bei günstigen Konstellationen auch günstige Entscheidungen zu treffen. Solche unterstützende Maßnahmen halte ich als angemessen und verwertbar.

Man sollte nur nicht der Meinung sein, günstige Konstellationen zwingen zum Erfolg oder sichern ihn.

Ich denke hier an eine Klientin, die zur Zeit günstiger Konstellationen ins Kasino ging. Sie hatte zwar verloren, doch war sie dabei blendender Laune und meinte, selten so viel Spaß beim Spielen erlebt zu haben.

Auch aus meiner Geschichte erinnere ich mich an einen Prüfungstermin, an dem Saturn genau ein Quadrat auf meine Medium-Coeli-Achse warf. Viele Astrologen würden hier von der Teilnahme an dieser Prüfung abraten. Ich absolvierte sie, kam sogar mit einer guten Note durch, hatte aber das Gefühl, dass dies eine meiner schwersten Prüfungen gewesen war.

Genauso kann es passieren, dass man meint, mit einem Jupitertrigon auf die Medium-Coeli-Achse müsse alles glatt und erfolgreich ablaufen. Meist ist es so. Doch kann es durchaus auch geschehen, dass das Resultat unbefriedigend ist, die Stimmung jedoch höchst angenehm.

Wenn ich Klienten und Klientinnen interviewe und hinterfrage, welchen Nutzen sie denn aus der Beratung ziehen wollen, höre ich von vielen, dass sie mehrere Lösungen in sich spüren und Verstärkung oder Bestätigung einer Variante erwarten. Dies sind meines Erachtens Personen, die Astrologie bewusst und richtig einsetzen. Die Menschen spüren vielfach, wenn sie an einem Scheideweg oder vor einem »life event« stehen. In einem solchen Fall kann man durchaus eine Interpretation der symbolischen Konstellation in Anspruch nehmen. Mündige Klienten und Klientinnen wissen dann, dass die Symbolik in ein Geschehen passt, lassen sich aber die Handlungsweise nicht diktieren.

Eine Möglichkeit, die Astrologie als Hilfsmittel einzusetzen, könnte ich, wie schon erwähnt, in der Forensik sehen. Triebtäter haben zur Tatzeit meist deutliche Marsaspekte. Durch die Vorhersagbarkeit von Stimmungsbildern könnte man solchen Zeitpunkten entgegenwirken; zumindest wäre dies eine Untersuchung wert.

Ich könnte mir folgendes Versuchsdesign vorstellen: eine Versuchsgruppe und Kontrollgruppe unter Triebtätern zu bilden. Dann sollten alle Geburtsdaten verifiziert sein, und die Kontrollgruppe sollte ihre triebhaften Regungen genau zeitlich und qualitativ beschreiben.

Die Versuchsgruppe sollte Information erhalten, wann die aktivierenden Marsaspekte stattfinden. Zusätzlich sollten die Teilnehmer der Versuchsgruppe auch ihre triebhaften Emotionen zeitlich und qualitativ beschreiben. Wenn man den Ergebnissen meiner Untersuchung Glauben schenken kann, dann müsste die Versuchsgruppe allein schon aufgrund der Tatsache, dass sie eine Aktivierung ihrer Triebhaftigkeit erwartet, ein mildere Intensität ihrer Regungen verspüren, als es die Kontrollgruppe vermag.

Desgleichen besteht eventuell die Möglichkeit der Vorbeugung bei Psychosen. In meiner Praxis besucht mich ein Klient regelmäßig, der an seltenen, doch durchaus psychotischen Schüben leidet. Die letzten drei Jahre blieb er frei von solchen Schüben, ohne Medikamente, da er auf seinen Wunsch einen genauen Zeitraster mit »Gefahrstellen« mit sich trägt. Das heißt, er sieht die Zeitqualität einer potenziellen psychotischen Phase, hält sich diese Zeit so weit wie möglich frei von Stress und Alkohol und schildert seither einen guten Umgang mit seiner Krankheit. Er beschreibt die latente Gefahrensituation, spürt die Möglichkeit des Abgleitens in einen psychotischen Zustand, doch fühlt er sich stark genug, diesem zu begegnen. Für ihn ist dieser Fahrplan eine Möglichkeit, sein Leben etwas leichter in den Griff zu bekommen. So ein Fahrplan kann Hilfe leisten, wo es sich um seltene Fälle von psychotischen Schüben handelt. Ich glaube aber nicht, dass eine schwere Schizophrenie durch derartige »Tabellen« zu verhindern ist.

Ergäben sich hier signifikante Werte, dann wäre die Astrologie eine unterstützende (niemals ausschließende) Methode, um das Leben solcher Menschen etwas überschaubarer zu gestalten.

Hier möchte ich ein Zitat des Physikers *Paul Couderc*, zitiert aus *Landscheidt*, anführen:

»Wenn die Sterne sich als Persönlichkeitsfaktor von Individuen erwiesen und bei der Entwicklung der körperlichen und geistigen Anlagen tatsächlich eine Rolle spielten, wie gering diese auch unter Tausenden von anderen entwicklungsbestimmenden Faktoren wie Vererbung, Umwelt und Zufall erscheinen mag, dann wäre das Wissen hierin von unschätzbarem Wert, da man es zum Wohl der Menschheit einsetzen könnte.«*

Couderc schrieb ein Buch gegen die Astrologie (L'astrologie), was seine Aussage bedeutungsvoller interpretierbar macht.

Häufig fragen Klienten und Klientinnen vor einer Operation nach der Zeitqualität. Nun, jede Operation hat die Tücke,

---

* Paul Couderc lebte von 1899–1981, war Astronom und großer Kritiker der Astrologie, was er in seinem Buch »L'Astrologie« deutlich zum Ausdruck brachte.

dass dem Körper Gewalt angetan wird. Denn ohne Skalpell und ohne Eindringen in den Körper ist eine Operation kaum möglich. Wäre solch ein Ereignis nur mit lieblichen Aspekten besetzt, könnte diese Qualität für ein gutes Essen oder für eine Schäferstunde passen. Bei einer Operation muss sich der marshafte Charakter zeigen. In jedem Mars steht ein Teil Vernichtung, eine Entscheidung für etwas, welche zwangsläufig einen anderen Teil ausschließt und somit wegoperiert.

Der üble Blinddarm wird herausgeschnitten und verworfen. – Das zieht erstens eine Verwundung des Körpers des Patienten nach sich, zweitens ein Abgeben von wohl verdorbener, doch bisher dem Patienten zugehöriger körperlicher Substanz, sprich Materie.

Das bedeutet, dass sowohl Verletzungsaspekte zu finden sein müssen als auch materieller Verlust, selbst wenn es nur ein kleiner Blinddarm ist. Nach der Operation sollten darauf folgende Jupiter- und Venusaspekte stattfinden, damit eine positive Stimmung möglich ist, was man von einer heilenden Phase erwarten und damit gleichsetzen könnte. Nun, das ist am Sternenhimmel nicht so leicht zu basteln. Planeten bewegen sich, lassen sich aber nicht von uns versetzen.

Daher kann man nicht mit wirklich gutem Gewissen eine günstige Operationszeit vorhersagen. Man kann die »Alten« zitieren, die immer die Tage gemieden haben, an denen der Mond im Zeichen war, welches dem zu operierenden Organ entsprochen hat.

Den Tierkreiszeichen werden nämlich auch bestimmte Organe zugeordnet, wobei diese Einteilung eine sehr globale ist.

So wird dem Widder die Kopfregion zugesprochen, dem Stier die Halsregion, dem Zwilling der Brustkorb, dem Krebs die inneren Organe, speziell der Magen. Die Löwen reagieren empfindlicher auf Herz-Kreislauf-Probleme, zur Jungfrau gehört das selektive Organ Darm, die Waage bevorzugt die paarigen Nieren, der Skorpion hat seine Sollbruchstelle im Urogenitalbereich, die Schützen haben eine empfindlichere Hüftregion sowie Blut- und Leberthemen, die Steinböcke neigen zu Stützapparatproblemen (Gelenke, Wirbelsäule …), die Wassermänner haben ein schwaches Nervenkostüm und Unterschenkelbeschwerden, und zu den Fischen gehören die Füße, Hormone, Lymphe, alles, was sich gleichmäßig im Körper ausbreitet. Aus diesen generalisierten Zuordnungen lassen sich sicher keine präzisen Diagnosen ableiten.

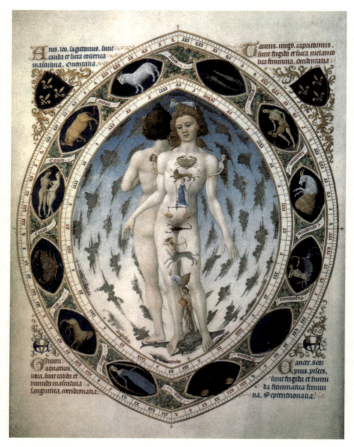

Der anatomische Mensch, französische Buchmalerei um 1416
(akg-images, Berlin)

In der Astrologie ist immer die Geburt, die Vertragsunterzeichnung, der erste Spatenstich, kurz, der Beginn einer Sache, wesentlich für weitere Aussagen. Dieses erste Horoskop einer Person oder Sache nennt man Radix oder Wurzelhoroskop.

Die Qualität der Zeit beim Ausbruch einer Krankheit kann durchaus eine Aussage über den Schweregrad dieses Zustands abgeben; mehr nicht.

Eine häufige Frage von Ratsuchenden ist immer wieder die Frage nach der Gesundheit. Es gibt wohl bevorzugte Krankheitsbilder bei bestimmten Konstellationen, doch die Vielfalt der pathologischen körperlichen Reaktionen ist sicher nicht über ein Horoskop ausreichend erklärbar. Ein Inhalt kann völlig im Kopf als Spiel der Gedanken stattfinden oder als Schicksal durch Ereignisse oder auf der körperlichen Ebene als Krankheitsprozess, Unfall etc. ablaufen.

Es gibt einige Arbeiten, die astrologische Abbilder mit homöopathischen Entsprechungen gleichsetzen. In diesen Arbeiten wird Bezug auf die Symbolik der Konstellation getroffen, dabei bleibt die Vielfalt der Auslösungsvariationen erhalten. So gesehen können diese Aussagen oft recht nützlich sein.

Ganz verwegene Klienten und Klientinnen kommen mit der Bitte, ihren Tod zu berechnen. Sie meinen, alles zu ertragen, und sie seien gänzlich furchtlos, was ihren Tod betrifft. Ab unserer Zeugung sind wir zum Tod bestimmt. Der Zeitpunkt unterliegt nicht einer Konstellation, die für dieses Ereignis bestimmend ist. Horoskope von vielen Herrschern, deren Geburtszeit schon aufgezeichnet wurde, zeigen den Tod bei der ersten massiven Bedrohung. Ich denke hier an die genau dokumentierten Habsburgerhoroskope. Mit diesen Daten konnte man Todeskonstellationen gut nachvollziehen. Die Medizin war noch nicht so weit, einem natürlichen Ablauf massiv entgegenzuwirken. Dank der heutigen

Medizin ist die Lebenserwartung deutlich gestiegen, und Konstellationen, die früher deutliche Todesmöglichkeiten beinhalteten, stellen heute eine Krise dar, die erfolgreich umschifft werden kann.

Todeskonstellationen sollte man nicht hinterfragen, da in solchen Momenten immer auch Wohltäter am Werk sind. Eine Möglichkeit, aus dem Tor vom Leben in eine andere Existenzform zu wechseln, zeigt sich in der Bildung schwieriger Konstellationen in den »Direktionen«. Auch hier möchte ich ausdrücklich deponieren, dass eine klare Todesaussage nicht auf rein astrologischer Basis möglich ist. Kleine Kinder und ältere Menschen sah ich bislang immer in Begleitung von massiven Wohltäteraspekten sterben. Die üblen Aspekte hatten dabei vorwiegend die Eltern und Angehörigen. Alte Menschen sah ich durchwegs mit erleichternden Aspekten gehen. Ich entsinne mich an den Tod eines kleinen dreieinhalbjährigen Mädchens, welches mit einer Venus am Aszendenten verstarb. Es erweckte in mir das Bild, als habe sie ein Engel in die Arme genommen und weggetragen.

Alte Menschen sterben wohl mit »Abschlusskonstellationen«, jedoch durchwegs mit befreienden, wohltuenden Planetenstellungen. Wie oft passiert es, dass ein schmerzhafter Körper einfach verlassen, endlich abgelegt wird.

Lediglich Menschen im mittleren Alter zeigen überwiegend schwere Verletzungen zu Zeiten großer Todesgefahr.

Ist eine innere Bereitschaft, den Tod zu akzeptieren, vorhanden, dann kann ein Tor zum Ausstieg aus dieser Existenz gewählt werden, wenn eine »Todeskonstellation« aktualisiert wird. Dieser Aspekt passt dann zum astrologischen Inhalt, er bestimmt jedoch nicht den Tod. Die medizinische Versorgung ist heute so weit, dass sie solchen Konstellationen die Stirn bieten kann. Ich denke, dass die eigene Bereitschaft, sich von der Materie abzuwenden, die wichtigste Rolle beim Sterben ausmacht. Das Loslassen der Materie –

und sei es nur die körperliche – ist die Konstellation, die diesen Prozess begleitet. Zum Beispiel: In den Horoskopen der Habsburger, die genaue Geburtsdaten dokumentiert hatten, sieht man den Tod bei erster Gelegenheit eintreten. Ich untersuchte die Horoskope von Franz Ferdinand, von Kronprinz Rudolf und von Maximilian II. Alle Todeszeiten hatten klare Todeskonstellationen, die heute durchaus nicht mehr als Sterbekonstellation interpretiert werden könnten.

Ganz entschieden will ich vor Astrologen und Astrologinnen warnen, die durch die Mystifizierung ihrer Tätigkeit eine Aura um sich schaffen, die Klienten und Klientinnen in eine bewundernde und blindgläubige Position versetzen sollen. Als Ratsuchender sollte man sich nie in einer schwächeren Position vermuten. Das Machtgleichgewicht zwischen Astrologe/Astrologin und Klient/in gerät leicht aus den Fugen, wenn man in den Beratenden einen Guru hineininterpretieren will. Zwischen Berater und zu Beratendem sollte das Gespräch ausgewogen verlaufen, und die unterschiedlichen Variationen einer Auslösung sollten Diskussionsgrundlage sein. Der Hinweis auf unterschiedliche Möglichkeiten einer Konstellationsauslösung sollte aufgegriffen werden, und immer wieder sollte der symbolhafte Inhalt die einzig wirkliche Aussage sein. Als Astrologe/Astrologin kann man schon bekunden, was hier der Erfahrung nach passieren könnte, doch nie zwingend ein Ereignis prophezeien.

Wenn Astrologen/Astrologinnen beabsichtigen, jemandem die eigene subjektive Meinung aufzwingen zu wollen, möglicherweise, um irgendeinem Nutzer etwas zuzuspielen, dann wird es kriminell.

Es könnte ein Ratsuchender vor einer politischen Entscheidung stehen, der/die Astrologe/Astrologin versucht ihm nun, die eigene politische Meinung aufgrund astrologischer Effekte als richtig und wegweisend einzureden. – Auch das ist schon vorgekommen. Ich denke an eine Erzählung von dem mittlerweile verstorbenen, anerkannten Astrologen *Francesco Waldner,* in Rom lebend, der einst von Hitler gerufen wurde. Hitler hat auch die Astrologie durch Verändern der astrologischen Aussagen als Propagandahilfe eingesetzt. Offiziell verbot er jede astrologische Tätigkeit, *Waldner* wurde jedoch oft zum Berghof zitiert, um Hitler zu beraten. (s. S. 17)

Kürzlich erzählte mir ein Klient stolz, dass er von einem Astrologen dahin gehend instruiert wurde, dass er einen Autounfall haben, in ein Spital kommen, bald aber wieder entlassen werde. Als ich nach dem Nutzen solch einer Aussage fragte, blickte er mich erstaunt und wortlos an.

Ich bezweifle beziehungsweise verneine ausdrücklich, eine detaillierte Aussage rein auf astrologischer Basis machen zu können. Wenn ein Ereignis stattfindet, dann passt der Inhalt nahtlos in die astrologische Symbolik der Zeitqualität. Doch kein Astrologe kann im Vorhinein den detaillierten Ablauf eines Geschehens aufgrund von astrologischen Berechnungen anführen. Lediglich der sachliche, abstrakte Inhalt, welcher in der Symbolik der Planeten liegt, ist beschreibbar. Die restlichen Aussagen sind Intuition und Erfahrung. Auslösungsmuster, die öfter auftreten, verleiten, als verwertbare Prognose zitiert zu werden. Der/Die Astrologe/Astrologin kann schon darauf hinweisen, dass diese Konstellationsvariante öfter zu diesem oder jenem Verlauf führte, muss jedoch seriöserweise im realen Anteil auf den symbolischen Inhalt beschränkt bleiben. Ein Symbol ist ein Zeichen, welches für einen Inhalt steht. Ein Symbol hat Informationsgehalt, ist abstrahiert und lässt eine Spannbreite zu.

Die direktiven Beratungen verdienen berechtigte Kritik.

Mit welchem Recht raten Astrologen zu Scheidungen, Trennungen, Berufen etc.? Mit welchem Recht mischen sie sich in ein Schicksal ein? Mit welchem Recht verhindern sie auf diese Art die Entwicklungsmöglichkeit der Beratenen? Die Konfrontation mit schwierigen Lebenssituationen wird von den Menschen meist als gewaltiger Lernprozess beschrieben. Reife entsteht im Meistern und Bewältigen von »life events«. Diese Phasen sind meist mit saturnischen, uranischen oder plutonischen Aspekten vergesellschaftet. Habe ich doch schon von vielen Klienten/Klientinnen gehört, dass sie nach schwierigen Lebensphasen die persönliche Entwicklung dieser Zeit als lehrreich empfanden.

Als Astrologe/Astrologin darf man sensibel Inhalte aufzeigen und Hilfestellung zur Bewusstmachung leisten, dann sollte aber die Demut vor der Einheit Mensch und seinem Schicksal einsetzen.

Über den Informationsgehalt, der sich aus Intuition, Erfahrung und Spekulation zusammensetzt, sollte man den Klienten stets in Kenntnis setzen, um »full filling profecy« zu vermeiden.

Ein/e Klient/in, der/die mit der Erwartung kommt, konkrete Aussagen zu erfahren, sollte enttäuscht werden. Der/Die Klient/in, welche/r eine Tendenz, eine Beschreibung der Zeitqualität erhalten will, kann in abstrahierter Form den Inhalt erfahren. Solch ein/e Klient/in ist bei verantwortungsbewussten Astrologen und Astrologinnen gut aufgehoben.

Erschüttert hat mich die Aussage eines Klienten, der bei einer Astrologin erfuhr, dass er im Glücksspiel gewinnen würde, enorme Geldmengen dafür einsetzte und sich dadurch in Schulden stürzte. Die Astrologin versuchte die Aussage zu schwächen, indem sie ihm mitteilte, das sie mit ihrer Gedankenkraft sein Glücksspiel unterstützen werde (was immer mit Kosten verbunden war), dass jedoch letztendlich sein fester Wille erst den tatsächlichen Erfolg herbeiführe. Dieser Mann hatte sein Vermögen verspielt, seine Blindgläubigkeit wurde ihm zum Verhängnis. Dieses In-Abhängigkeit-Setzen und Illusionenerzeugen gehört in die Kategorie verantwortungsloser Verbrechen. Ich zweifelte anfangs, dass so etwas tatsächlich möglich sei. Die Schilderung seines Schicksals lehrte mich, dass ihn tatsächlich seine Gutgläubigkeit und Hoffnung auf Realisierung günstiger Konstellationen zu seinem Reichtum in diese verhängnisvolle Abhängigkeit trieben.

Einen ähnlichen tragischen Fall stellte ich bei einem Geschäftsmann fest, der sich beruflich in großen Schwierigkeiten befand, sich einer Astrologin anvertraute und von ihr bei sämtlichen weiteren Schritten, Entscheidungen, Handlungen Tag und Nacht beraten wurde. Das heißt, sie gab jeden Handlungszeitpunkt vor. In weiterer Folge war er unfähig, auch nur eine Handlung allein zu setzen, was ihn in eine tiefe Abhängigkeit und damit Unfähigkeit trieb.

Welche Gründe können eine/n Astrologen/Astrologin dazu bewegen, den Klienten in Abhängigkeit zu halten? Doch wohl nur Macht- und Kontrollbedürfnis. Diese Qualitäten sind mit keinem helfenden und beratenden Beruf vereinbar. Macht als Motiv wurde schon von *Alfred Adler* als starker Trieb angenommen. Minderwertigkeit wird durch Willen zur Macht kompensiert. Das Menschenbild eines Astrologen sollte wie in den Psychotherapien die Autonomie des Klienten achten.

Die Eigenverantwortlichkeit des Klienten sollte stets erstes Ziel sein und immer wieder betont werden. Die Unverletzlichkeit der Würde und Selbstverantwortung jedes Hilfesuchenden sollte jede/r Astrologe/Astrologin ein strenges Gebot sein. Man darf die Gefahr des »Abhängigmachens« nicht übersehen.

Die Eigenverantwortlichkeit des Klienten sollte stets erhalten bleiben und klar zum Ausdruck kommen. Der Hinweis auf die freie Entscheidung, das Wahrnehmen der Autonomie eines Klienten sollte den größten Stellenwert in einer Beratung ausmachen. Die Würde eines Menschen und seine Selbstbestimmung – unantastbare Grundwerte – sollten stete Beachtung finden.

Machtausübung hat das Ziel, durch Kontrolle eigene Wunschvorstellungen zu erreichen beziehungsweise zu verwirklichen. Die Kontrolle kann durch astrologische Weichenstellung erreicht werden. Eigene Wunschvorstellungen durchzusetzen, die das Verhalten anderer Personen dirigieren, kommt einer Vergewaltigung gleich. Daran sollten Astrologen/Astrologinnen, die zu sehr den Lösungsweg beeinflussen wollen, stets denken.

Letztendlich sollte man die Ansicht, dass wir Erdlinge bestimmte Aufgaben zu erfüllen haben, nicht ganz außer acht lassen. Aufgaben, an denen wir Entwicklung erleben, gehören zu uns wie unsere Nase oder unsere Ohren. Wir müssen Bewusstheit erfahren und damit uns und die Welt, in der wir leben, erkennen, zumal die Religion, zumindest in Österreich, in letzter Zeit starker Kritik und damit enormer Abwendung ausgesetzt war und als ethischer Maßstab größtenteils wegfällt. Der Religionsunterricht wird immer mehr zum Freigegenstand, und ein Ethikunterricht konnte sich noch nicht richtig etablieren. Wohin soll sich die Jugend wenden, um ethische Führung mit dem Anspruch zu erfahren, den sie in einer Zeit, in der ethische Qualitäten schwierig zu vermitteln sind, kaum findet? Reputation, Ehre und ethisch einwandfreies Handeln wird nirgends gelehrt und verliert im Neoliberalismus seinen Wert. Durch berufliches Engagement sind Eltern oft überfordert und können die erzieherische Arbeit nicht ausreichend durchführen. Beinahe 50 Prozent der Eltern leben getrennt, was die Vermittlung eines einheitliches Weltbilds höchst schwierig gestaltet.

Die Ratlosigkeit der Politiker und Erzieher im Umgang mit gewalttätiger Jugend ist daher nicht erstaunlich.

Ein Horoskop kann man ohne Tabus interpretieren. Man kann jedes Gebiet in seiner Symbolik darlegen. Die Klarheit, mit der so manche Problematik sichtbar wird, erleichtert und befreit von quälenden Selbstvorwürfen, warum man denn die eine oder andere Handlung durchführte.

Im Horoskop kann man die Symbolik aller Themen interpretieren. Triebwünsche und die Stellung des Über-Ich (meist Saturn) zeigen die inhaltliche Schwierigkeit, diese Triebansprüche durchzusetzen.

Die Beziehung zu den Eltern, zur Macht, zur Sexualität oder zur Konfliktfähigkeit, alles zeigt sich im komplexen Bild des Horoskops, ist thematisch, symbolisch erfassbar.

Im Zusammenhang mit Partnern oder Gegnern lassen sich Konflikte klar herausarbeiten. Die Stimmung beziehungsweise Übertragung, die ein Partner oder Gegner in einer Person erzeugt, ist durch astrologische Symbolik darstellbar.

In meiner Praxis konnte ich wiederholt feststellen, dass man Konflikte mit allen Stufen ihrer Entwicklung astrologisch mitverfolgen kann. Dabei ist es möglich, bestimmten schwierigen Konstellationen durch Taktik, in der Wahl von Zeitqualitäten, auszuweichen beziehungsweise mildernd zu wirken. In Konflikten wird Spannung reduziert, wenn man die Sachebene von der emotionalen Ebene trennt. Damit will ich sagen, dass in Zeiten, die astrologisch starke Konfliktkonstellationen aufweisen, ein Zusammentreffen der Kontrahenden nicht ratsam ist. Wählt man einen Zeitpunkt, in dem die Emotionen der beiden Personen angenehm aspektiert sind, wird eine Konfliktlösung leichter gelingen.

Das Eingehen auf die Bedürfnisse des anderen und Abchecken seiner Interessen kann zur Folge haben, dass ein Konsens gar nicht so ein Ungleichgewicht in der Konfliktbilanz erzeugt. Wenn ein Partner den Saft einer Zitrone braucht und der andere das Aroma der Schale, so kann eine nützliche Vereinbarkeit entstehen. Man muss nur vorher die Interessen klären. Wenn Menschen schwere astrologisch erkennbare Animositäten zeigen, werden sie sicher nicht ideale Geschäftspartner oder Ehepartner werden. Im Horoskop kann man das Verständnis für die Emotionen des Partners oder Gegners besser verstehen lernen. Dies ist beinahe immer ein erster Schritt zur Konfliktbewältigung. Man kann aufzeigen, in welchen Schwierigkeiten sich der andere fühlt, man kann sich besser in den anderen hineindenken und spürt plötzlich so etwas wie Verständnis. Die Sichtweise über einen Konflikt wird vom ICH auf ein WIR verlegt, und damit wird eine Milderung erzeugt.

Auch Länder – die ja vielfach ein Gründungsdatum haben – sind astrologisch in ihrer Symbolik erfassbar. Über diese Symbolik sind auch schwierige Phasen eines Landes interpretierbar. Wahlausgänge konnte ich über die emotionale Verfassung der Kandidaten stets richtig vorhersagen. Voraussetzung für derlei »Prognosen« waren korrekte Geburtsdaten. Politische Parteien haben meist genaue Gründungsdaten, die man im Zusammenhang mit ihren Favoriten symbolisch betrachten kann.

Die Kenntnis der Daten von Politikern kann dennoch zu Fehlinterpretationen führen, da man nicht wissen kann, ob ein Politiker tatsächlich Freude empfindet, wenn er ein Wahlsieger ist.

Nun will ich kurz auf die mögliche »therapeutische« Hilfestellung durch Astrologie eingehen. Ich selbst bin überzeugte Psychotherapeutin und könnte niemals Astrologie als wirkliche Therapie anbieten. Geht es jedoch lediglich um Selbsterfahrung, wie sie in unzähligen Wochenendseminaren um viel Geld angeboten wird, dann kann man auch zu einem/einer Astrologen/Astrologin gehen und die Konstellationen im Radix besprechen und über seine Konflikte und Spannungsaspekte mehr in Erfahrung bringen. Wie im zweiten Kapitel aus den Untersuchungen hervorgeht, wirkt das Wissen um Zeitqualitäten eher dämpfend auf aggressive Stimmungen. Dies könnte man nutzbar machen.

Oppositionen zeigen häufig die Spannung zwischen seelischem Innenleben und Forderung durch die Außenwelt. Diese Dilemmata sind über die Horoskopinterpretation leicht erklärbar und damit verständlicher und können somit eine Hilfestellung zur Aufarbeitung bieten.

Niemals ersetzt Astrologie jedoch die Arbeit an einer Persönlichkeit, an der Entwicklung und Stabilisierung von Charaktermerkmalen.

Etwas harmloser sehe ich das Vergehen, wenn der Astrologe durch Übertragung zu seiner prognostischen Variante kommt. Hier laufen unbewusste Wunschvorstellungen ab, die etwas von der Bösartigkeit des Machttriebs abrücken. Er sollte durch Fortbildung lernen, dass es Übertragung gibt, mit dieser dann in weiterer Folge behutsam umgehen lernen. Übertragung ist ein Prozess, der aus der Tiefenpsychologie herrührt. Jeder Beratene hat bestimmte Gefühle, die er auf den Beratenden überträgt. Die emotionale Resonanz darauf nennt man Gegenübertragung. Dieser Prozess läuft in jedem Dialog ab, da in jedem Gespräch bewusste und unbewusste Gefühle beim Gesprächspartner ausgelöst werden.

Als Beispiel: Jemand erinnert Sie durch eine kaum bemerkbare Geste an eine Person, die er/sie nicht mochte, dies muss ihm/ihr gar nicht bewusst sein, jedoch diese Kontextbedingung löst eine ähnliche Emotion aus, wie er/sie es bei dieser nicht gemochten Person gegenüber empfand. Kurz, von Übertragung spricht man, wenn die eigene Art des Verhaltens und Empfindens auf das Gegenüber abfärbt. In jeder Beratungssituation kommt es zu Übertragungs- und Gegenübertragungssituationen.

Dieser Ablauf sollte die Objektivität einer Beratung nicht stören.

Aussagemöglichkeiten variieren je nach Thema in einem Horoskop. So beinhaltet der Mond andere Symbole in einem Firmenhoroskop als in einem Menschenhoroskop.

Der Platz des Mondes zeigt das weibliche Thema. Die Art Weiblichkeit, die einen Mann beeindruckt, sieht man in der Mondplatzierung im männlichen Horoskop. Der Mond ist Symbol des Mütterlichen – daher die Ähnlichkeit zwischen gewählter Frau und bestimmten Anteilen der eigenen Mutter im Horoskop von Männern. Die Mondstellung im Radix eines Mannes zeigt die Facetten seiner Sehnsucht nach weiblichem Gegenstück.

Bei der Frau zeigt sich im Mond die Art der Empfindung, auf die sie reflektiert. Der seelische Spiegel kann symbolisch mit dem Mond verglichen werden. In der astrologischen Symbolik sieht man einige Geschlechtsunterschiede, die, ohne nun die Emanzipation infrage zu stellen, einen differenzierten Zugang zur Geschlechtlichkeit aufzeigen. Die Sonne als Urwille hat im männlichen Horoskop eine rein auf das Ego konzentrierte Aussage, wohingegen die Sonne bei der Frau eine auf das Männliche ausgerichtete Energie beinhaltet. Karl Marx hatte eine Sonnenstellung im zweiten Haus – das »Kapital« war sein Lebensthema. Karl Marx war politischer Journalist und Philosoph. Er gilt als wichtiger Interpret des Kommunismus.

Ich habe im Sonnenthema oft die Anlage zum Schöpferischen, die ich bei Männern verstärkt auftretend wahrnahm, gesehen. Starke Löwefrauen weisen ein ebenso starkes schöpferisches Potenzial auf, doch prozentmäßig reicht dies nicht an die der Männer heran, weil eben jeder Mann seine Sonne selbstverständlich lebt, sozusagen aus sich heraus, auf das Ego fokussiert. Die Löwefrauen beziehungsweise Frauen mit einer sehr stark stehenden Sonne sind nicht so zahlreich vertreten. Dies sind keine abwertenden Äußerungen, sie zeigen nur die Andersartigkeit auf. Diese Andersartigkeit ist als ein hohes ergänzendes Gut zum männlichen Part zu verstehen und sollte durchaus gleichwertig mit dem Gegenpart verstanden werden.

Bei Frauen ist das mondhafte Potenzial stärker. – Das ist

nun einmal das reflektierende, auffangende und umsorgende Prinzip. Wo wäre unsere Welt, wenn diese Kraft nicht vertreten wäre? Das Prinzip der Geborgenheit wird durch den Mond symbolisiert und muss nicht nur im familiären Milieu gelebt werden. Geborgenheit ausstrahlen kann über vielerlei Systeme laufen. Eine Frau kann in einer Organisation die große Mutter symbolisieren, sie kann in der Politik die familiären Strukturen schaffen, das heißt die Geborgenheit eines Staates mitbestimmen. Das werden Frauen immer leichter schaffen als Männer. Denn auch hier kann man argumentieren: Jede Frau hat einen Mond, der ihre eigene seelische Geborgenheitsstruktur spiegelt; die Männer können durch ihre Mondposition nur die Trendrichtung ihres Frauenbilds wahrnehmen.

Der Mond ist auch Signifikator für Gebären. So weiß man, dass der weibliche Zyklus genau einen Mondumlauf ausmacht und eine normale Schwangerschaft genau zehn Mondumläufe dauert. Ich denke wohl, dass Männer die Aufgabe des Gebärens nicht so bald werden bewältigen können. Dennoch braucht man den schöpferischen Akt der Zeugung, zu dem wiederum das männliche Potenzial, das sonnenhafte, vonnöten ist. Kurz zusammengefasst könnte man sehr global formulieren, dass Frauen eher mondhaft reagieren, Männer mehr sonnenhaft agieren.

In einem Firmenhoroskop kann der Mond die Belegschaft symbolisieren, die Kunden, die Art, wie man mit weiblichen Mitarbeitern umgeht. Die Sonne im Firmenhoroskop ist meist der Chef. Das Ziel einer Firma und die Wirkung nach außen werden durch die Sonne und das Medium Coeli interpretiert.

Der nächste Himmelskörper, der Merkur als Symbol für die Denkungsart des Nativen, in einem Länderhoroskop oder in einem Unternehmen die finanziellen Potenziale, die Art, wie man kommuniziert: eine Domäne der Zwillingsgeborenen; wenn man in einem Betrieb einen Pressechef sucht, sollte man sich auf zwillingsbesetzte Personen konzentrieren oder eine Person suchen, die einen stark stehenden Merkur aufweist. Häufig sind das höchst talentierte Kontaktpfleger, Kommunikationsgenies und Multiplikatoren.

Eine Venus in einem Firmenhoroskop gibt Auskunft darüber, wie die Art der Werbung gestaltet wird. Das Corporate Design ist der Venus zugeordnet. Die Umgangsformen in einer Organisation kann man ebenso der Venus zuschreiben. Auf den Aktienmärkten ist Venus die Stabilisiererin, bei guten Venusaspekten werden die Aktienkurse stabilisiert. Läuft die Venus hinter der Sonne, fallen die Kurse meist, und die Kaufkraft sinkt. Läuft der Planet Venus vor der Sonne, steigt die Kauflust, und die Aktien steigen an.

Mars reizt die Marktaktivitäten. Mars ist der rasche, nicht immer ehrliche Geldmacher.

Jupiter zeigt seine optimale Wirkung auch in der Wirtschaft. Sein Einfluss auf die Preise zeigt sich durch Ansteigen der Preise in Sonnennähe und durch geringere Preisanstiege, wenn er der Sonne gegenübersteht.

Saturn dämpft alle Profite. Seine intensivste Wirkung zeigt Saturn, wenn er sich im achten Grade eines kardinalen Zeichens befindet. Der Dollarkurs zeigt in diesen Zeiten jeweils einen Tiefststand.

Uranusaspekte zeigen sich gekoppelt an ungewöhnliche Preisveränderungen.

Neptun zeigt sich gleichzeitig mit Ölpreisveränderungen und Massenpsychosen. In Firmenhoroskopen steht Neptun dort, wo die Irrtümer und Fehlspekulationen ablaufen.

Pluto gehört wirtschaftlich dem dunklen Gewerbe an. Prostitution und Pornografie sind das Spezialgebiet des Pluto. Im

Horoskop einer Organisation steht Pluto in dem Haus, wo selten eigene Mittel eingesetzt werden. Pluto verwendet das Geld der anderen.

Die Kritiker/innen der Astrologie, die sich mit der Materie nicht ausreichend auseinandergesetzt haben und populistisch die Astrologie als Scharlatanerie abtun, werden durch die zahlreiche Software, die ein großflächiges Berechnen von Konstellationen zulässt, deutlich in den Hintergrund gedrängt.

Ich persönlich begegnete noch keinem Menschen, der sich mit Astrologie eingehend befasste und weiterhin ihre Gültigkeit anzweifelte. Ich traf auch noch keinen »Schmäher«, der seine Argumente gegen Astrologie ausreichend durch gründliche Bildung fundiert hätte. Wirkliche Kritik nehme ich nur von jemandem an, der astrologisch fundiertes Wissen aufweist und dennoch Kritik findet. Das Fundament der Kritiker und Kritikerinnen war meist auf falsche Prognosen, die ihnen gestellt wurden, aufgebaut. Die Argumente der Gegner berufen sich auf Hypothesen, die leicht widerlegbar sind. Als ein berechtigtes Gegenargument ist die Abhängigkeit anzuführen, in die sich manche Klienten leider selbst begeben.

Das rege Interesse an Astrologie lässt Astrologieschulen der Reihe nach gründen, die angeben, eine fundierte Ausbildung zu garantieren.

Diplome werden verliehen, die Eintragung als Beruf »Astrologe« ist mittlerweile gesetzlich möglich. Folgende Punkte als Anregung für die Ausbilder möchte ich festhalten:

Ein wichtiger Ausbildungspunkt sollte der Tätigkeit als Berater gewidmet werden. Viel Unheil kann durch professionellen Umgang mit Ratsuchenden vermieden werden. Das Einfühlungsvermögen, die Empathie, ist unabdingbar in einer Konsultation.

Auch eine Aufklärung des Klienten, welchen Fehlleistungen man als Astrologe unterliegen kann, könnte für eine seriöse Beratung vorteilhaft sein.

Der Klient, des astrologischen Wissens unkundig, kann die Aussagen des Astrologen in keiner Weise kontrollieren, was wiederum den Wildwuchs der Prognosen fördert. Noch gibt es keinerlei Möglichkeit, die Kompetenzen des Astrologen zu überprüfen – meint doch jeder Klient, dass der Astrologe durch die Möglichkeit, die kosmischen Zusammenhänge etwas leichter wahrzunehmen, eine totale Durchsicht habe. Wie rasch wird dem Astrologen der Mantel der Weisheit und der Allwissenheit umgehängt. Wie viel Innenschau wird ihm zugedacht, welche Macht wird ihm dadurch a priori verliehen.

Dadurch ist die Gleichwertigkeit der Personen (Astrologe und Klient) von Beginn an in einem unausgewogenen Zustand. Solch ein Zustand ist von Haus aus bedenklich und sollte vermieden werden. Die Asymmetrie zwischen Klient und Beratendem sollte durch ausreichende Aufklärung abgebaut werden. Aufklärung über die Schwachpunkte einer astrologischen Beratung und über die Mitteilung der realen Möglichkeiten, welche eine astrologische Beratung in sich trägt, sollte bei jedem Setting abgehandelt werden.

Die ersten Zertifikate astrologischer Schulen wurden nun auch in Österreich erstellt. Die älteste astrologische Gesellschaft Österreichs stellt Astrologenpatente nach eingehender Prüfung astronomischer als auch astrologischer Kenntnisse aus.

Diese Zertifikate stellen zumindest einen fachlichen Hintergrund sicher. Die Tätigkeit als Berater allerdings wird viel zu wenig in der Ausbildung berücksichtigt. Durch die Art und Weise, wie man ein Horoskop interpretiert, kann eine enorme Belastung für den Klienten entstehen.

Dieser Verantwortung kann und darf man sich als Berater nicht entziehen.

Das Spiel mit der Verantwortung kann zum Pingpongball in einer Beratung werden. Es darf der Klient seine Eigenverantwortlichkeit nie verlieren. Der/Die Astrologe/Astrologin darf nur die inhaltliche, abstrahierte Konstellation weitergeben! Wie rasch ist ein Satz gesagt, der beim Klienten tiefe Furchen im Gedächtnis hinterlässt, was jedoch nach näherer Prüfung der Situation eine reine Überinterpretation des/der Astrologen/Astrologin war.

Häufig werden die eigenen Erfahrungen mit einer Konstellation generalisiert und als gültige Aussage weitergegeben. Damit ist der/die Klient/in in eine Richtung programmiert und unter Umständen manipuliert. Das heißt, er/sie ist selbst nicht frei und objektiv.

Die meisten Klienten/Klientinnen suchen eine/n Astrologen/Astrologin auf, wenn sie in einer hilflosen Situation beziehungsweise in einer Krise stecken. Nur zu leicht ist man in dieser Situation anfällig, an den großen »Retter« zu glauben, noch dazu, wenn er geheimnisvoll in mystischen Formeln den Gang der Gestirne beschreibt.

Auch deshalb bin ich für einen gewissen allgemein verständlichen Teil der Astrologie, so wie man in der Regel auch weiß, wo Magen und Niere sitzen, wenn man einen Arzt aufsucht. Diese Idealisierung des/der Astrologen/Astrologin entsteht aufgrund des Wunschs, die eigenen Probleme lösen zu lassen. Die eigenen Ressourcen werden dabei nicht ausgeschöpft. Das »Erwecken« der eigenen Ressourcen kann eine wirkliche Hilfestellung bedeuten. Das Verschütten solcher Ressourcen kann der/die Klient/in nachhaltig Schaden zufügen.

In einer Krise ist eine Hilfestellung sicher vonnöten und legitim. Doch wenn man dem Ratsuchenden die Verantwortung abnimmt, dann kommt es zu keiner Hilfe, sondern nur zu einer Verschiebung beziehungsweise Verlängerung der Krise.

Die Eigenverantwortung abzugeben, an die Figur des »Superman« zu glauben, ist eine Verführung, der man in der eigenen geschwächten Situation nur zu leicht unterliegt. Über seine Situation reden zu können, die qualitativen Inhalte zu analysieren und daraus eine klarere Sicht der Dinge zu erreichen, das ist wohl die wirkliche Hilfe, die Astrologie zu geben vermag. Die Vielfalt der Lösungen, die in einer Konstellation liegen, aufzuzeigen, kann das starre Muster eines/einer Klienten/Klientin verändern.

Allein die Betrachtung eines bis zur Beratung verborgenen Standpunkts oder Lösungswegs kann unter Umständen eine Sichtweise schaffen, die das Problem mildert. Oft wird auch bei der Besprechung von verschiedenen Wegen zur Problemlösung bereits durch das »Zu-Ende-Denken« einer Lösung der Schrecken einer Situation gemildert. In jeder Krise liegt eine enorme Chance und Herausforderung. Die Karten werden neu gemischt, das kann gesunde Neugierde schaffen und Kraft für neue Wege geben.

Die Aussicht, dass die Zeitqualität nach einer Krisenzeit wieder recht angenehm wird, kann ebenso zu einer positiven Einstellung verhelfen. Häufig meint der Betroffene, eine Situation sei gänzlich verfahren, durch die Annahme, so schlecht wie in der augenblicklichen Situation gehe es einem/einer immer. Das In-Aussicht-Stellen besserer Zeitqualitäten in nächster Zukunft nimmt vielfach die Verzweiflung.

Häufig erlebte ich auch Erleichterung bei Klienten/ Klientinnen, wenn sie erfuhren, dass Anteile ihrer Persönlichkeit im Horoskop ganz normal vorhanden sind, sie lediglich durch Erziehungs- und andere Umweltfaktoren diese Eigenschaften als unzulässig empfanden. Wir sind Menschen mit verschiedenen Konflikten, Strömungen und höchst unterschiedlichen Anlagen, die miteinander zu verschiedenen Zeiten ihre Konkurrenzkämpfe der Qualitäten austragen. Das Herumquälen mit Persönlichkeitsfaktoren, die im Horoskop deutlich zutage treten, kann bisweilen Inhalt unseres Lebens sein. Sich so anzunehmen, wie man ist, daraus seine Lehren ziehen und lernen, sich damit zu arrangieren, würde Sinn machen.

Wie sollte ein stark skorpionhafter und löwischer Typus seine Triebhaftigkeit leugnen? Ist es nicht viel klüger, diese Eigenschaften anzunehmen und zu lernen, dosiert mit ihnen umzugehen? So weit es ihm eben gelingt.

Wäre eine Beziehung, in der ein Teil der Partnerschaft diese Qualitäten stark ausgeprägt hat, nicht leichter lebbar, wenn der andere Teil auch darüber Bescheid wüsste, um sich entsprechend zu schützen oder Verständnis zu zeigen?

Oder um wie viel leichter kann ein zärtlichkeitsbedürftiger Krebs auf seine Kosten kommen, wenn er die kühle und eher losgelöste Liebesart eines Wassermanns meidet? Zumindest wenn die Zeitqualität gerade diese Losgelöstheit fördert. Das Verständnis für diese Handlungsweise könnte so manchen Konflikt ersetzen. Hier könnte die Astrologie gute Dienste leisten, indem sie das gegenseitige Verständnis leichter ermöglicht.

Wie oft kann Verwirrung über persönliche Eigenschaften aufgelöst werden, wenn der/die Klient/in erfährt, dass gerade an sich gegensätzliche Eigenheiten zu ihm/ihr gehören und seine/ihre Persönlichkeit ausmachen. Das Mit-sich-ins-Klare-Kommen und Sich-selbst-Verstehen sind Hilfeleistungen, die durch die Psychotherapie und ein wenig auch durch die Astrologie möglich sind. Man könnte sich mit einer guten Horoskopinterpretation unzählige Therapiestunden ersparen. Ich selbst bin ausgebildete Psychotherapeutin, habe aber eines Tages von einer Klientin, die mich in meiner Eigenschaft als Astrologin aufsuchte und nicht von mir therapiert wurde, gehört: »Diese Stunde hat mir mehr geholfen als drei Jahre Therapie.«

Selten hörte ich wirklich gutes Feedback in astrologischen Beratungen. Ich gehe sogar so weit, dass, im Sinne des Konsumentenschutzes, bei jeder beratenden Tätigkeit, bei jeder

Tätigkeit, in der man mit der Psyche eines Menschen im Dialog steht, ein Nachweis für die Reife zu solcher Beratungstätigkeit erbracht werden sollte.

Sicher ist es jedermanns eigene Entscheidung, an wen er sich um Beratung wenden will, doch eine gewisse Art von Qualitätssicherung sollte auch in der Astrologie Einzug halten.

Jede Position im Horoskop hat ihre eigene qualitative Aussage. In der Summe aller Planetenpositionen machen sie das absolut individuelle, unnachahmliche Persönlichkeitsbild aus. Planetenstand im Zeichen, Aspektierung, Planeten und ihre Stellung in den Häusern, Achsenbindung usw. gestalten die Individualität eines Horoskopeigners.

Man hört immer wieder die Kritiken gegen die Astrologie, dass doch etwa 50 Prozent Umweltfaktoren und etwa 50 Prozent Anlage die Persönlichkeit ausmachten. Jeder Astrologe weiß, dass die Aspekte und Planetenpositionen in den Horoskopen der Kinder deutliche Überlappungen mit der großelterlichen Generation und der elterlichen Generation aufweisen. Immer wieder kann man beobachten, wie die Lichter (Sonne- und Mondstellung) der Großeltern zu Achsen der Kinder werden. Themen der Eltern scheinen in etwas veränderter Form wieder auf. (Manchmal sehe ich mehr als 50 Prozent als erbliche Faktoren.)

Man könnte meinen, dass die Kinder berufen sind, die Probleme, welche die Eltern hatten, im eigenen Horoskop wiederzufinden und daran weiterzuarbeiten.

Im Erleben der Umweltfaktoren sitzt wahrscheinlich eine Portion freier Wille. Jeder Mensch hat das Empfinden, freie Entscheidungen zu treffen. Ich denke, hier setzt der Hebel der gezielten Entwicklungsmöglichkeit an. Wie geht man mit den Möglichkeiten, die man zur Verfügung hat, um? Welche Qualität zieht man vor? Dreht sich die Entwicklungsspirale hinunter oder hinauf?

Einflüsse, die mit Anlagen gemischt werden und dann zur

Entscheidungsfindung beitragen, sollte man durch eine individuelle Brille sehen.

Den »rechten« Weg zu gehen, wird einer braven, stark besetzten Jungfrau leichter fallen als einem stark besetzten Skorpion, der alles selbst erfahren will. Die Jungfrau verweigert oft ihr Schicksal und die daraus erlernbare Erfahrung, um nicht abgewertet zu werden. Welche Strafe, wenn man mit starker Jungfraubesetzung auch eine kräftige Portion Skorpion mitbekommt! Dann beginnt ein Dilemma. Der Skorpion fordert die Sexualität, und die Jungfrau will sie verweigern. Ein spannendes Spiel verschiedener Prinzipien, wo man nicht weiß, wer den Sieg davontragen wird. Wahrscheinlich siegt gerade immer der Teil, der stärkere Aktualität durch Aspektierung erhält. Diese verschiedenen Zeitqualitäten gestalten das Schillern des Lebens. Hier könnte eine individuelle Bewertung einsetzen, da auch die Neigungen individuell verschieden sind. Sicher gibt es einen globalen Raster, der eine allgemein gültige Gesetzlichkeit beschreibt, doch wie unterschiedlich schwierig mag es bisweilen für die verschiedensten Horoskopeigner sein, diese Normen zu beachten. Ich maße mir nicht an, über Handlungen aus anderen Horoskopen heraus zu urteilen. Ich kann manchmal nur ahnen, in welchen Zwickmühlen sich Menschen befinden, wenn gleich starke Konstellationen unterschiedlicher Qualität ihre Wirkung entfalten.

Das Dilemma, das entsteht, wenn unterschiedliche Kräfte vorhanden sind, können einen weniger strukturierten Menschen in einen großen Zwiespalt drängen, ein Zwiespalt, der ohne Stützung unter Umständen ein Leben zum Beispiel in kriminelle Bahnen oder in eine Psychose treibt. Wie schwer hat es ein Krebs, wenn er sich von der Familie trennen soll, seine Heimat verlassen und im Ausland sein Leben verbringen soll, wenn er gleichzeitig eine starke Schützebesetzung hat. Siegt der erlebnisfreudige Schütze oder die heimatgebundene Krebsbesetzung?

Die Schulung der Toleranz, durch Erkenntnis, dass eben jeder Mensch seine eigenen ganz persönlichen Konflikte hat, dass jeder vermeintliche Feind Erfüllungsgehilfe des eigenen Schicksals ist, wäre vonnöten.

Wie könnte man denn Konflikte leben, wenn kein Partner oder Gegner vorhanden wäre? Jeder Dieb braucht einen Bestohlenen, jeder Mörder braucht sein Opfer, mit welchem er diese Konstellationen austragen kann. Man braucht einen Gehilfen, der die Möglichkeit bietet, das Schicksal in Ereignis umzuformen. So sind in langen Ehekrisen die Erfüllungsgehilfen des Schicksals wohl die beiden Ehepartner selbst.

Im Radix zeigt sich ein Problem in allen Facetten in seiner inhaltlichen Form (Geburtshoroskop) eines Menschen. Somit sind auch Feinde im jeweiligen Horoskop enthalten. Das heißt, man braucht Helfer, genau dieses sein Schicksal leben zu können. Wenn ein Inhalt Eheprobleme vorsieht, dann sucht man einen Partner, der diesen Inhalt zu leben ermöglicht. – Es sind Anteile der eigenen Konstellationen und damit eigene Anteile. Eigene Anteile kann man selbst leben, oder man lässt sie leben. Die Entscheidung darüber trägt der Native selbst. Daher ist es müßig, über sein schweres Schicksal zu jammern. Das soll nicht heißen, dass man einem Menschen in schweren Zeiten nicht beistehen soll. Astrologie soll nur die Einsicht in Schicksalsfügungen fördern. Man sollte nicht von Schuld sprechen, wenn Konstellationen gelebt werden. Man kann aufzeigen, wie sehr man Gehilfen des Schicksals herbeiruft, wenn man selbst verweigert, Konstellationen zu leben. Jede betrogene Frau und jeder betrogene Mann sollte tief in sich hineinhorchen, wie sehr sie/er eigentlich selbst die Lust auf Untreue verspürt. Nicht nur einmal konnte ich erleben, dass die Treue und Untreue wie Spielbälle in Beziehungen hin und her geworfen wurden. Täter und Opfer wechselten ab, wenn beide die Konstellation im Radix aufwiesen. Erst wenn hier der Inhalt mit dem Aufruf, sich der Thematik »Untreue« zu widmen, aufgenommen wurde, konnte Ruhe im Erleben eintreten.

Die Konfrontation mit diesem Inhalt hatte stattgefunden, und die Thematik konnte abgehakt werden.

Jeder Kriminalbeamte hat die Aufgabe, sich mit Verbrechen auseinanderzusetzen – genauso intensiv wie der Täter. Er hatte die Entscheidung nur dahin gehend getroffen, dass er auf die gesetzmäßig bessere Seite gefallen ist. Täter und Opfer, beide haben Gewaltkonstellationen in ihren Horoskopen. Ich vermag erst nach einem persönlichen Gespräch zu urteilen, auf welcher Seite ein Mensch zu stehen scheint.

Mörder und Opfer haben zu gleicher Zeit Gewaltaspekte; man vermag vor der Aktualisierung dieser Konstellation nicht klar zu äußern, wer hier erleidet und wer hier aktiv die Zeitqualität in Gang setzt.

Die Einsicht und Erkenntnis, dass der Kosmos eine Gesetzmäßigkeit innehat, die sichtlich eine Demut vor dem Schicksal erfordert, sollte auch in einer Beratung bedacht werden. Jeder Mensch hat eigene Ressourcen und kann diese aktivieren. Möglicherweise hilft eine gute Beratung Ressourcen zu entdecken und zu verwenden, um Lebensereignisse in eine Richtung zu lenken, um diese wieder lebbar zu gestalten – die Annahme des Schicksals, die Annahme des »Nichtmachbaren« und die Aktivität für das »Machbare«. Das klare Ja zum eigenen Willen, zur eigenen Wesenheit in vorgegebenen Inhalten stärkt das Selbstwertgefühl und Selbstvertrauen und öffnet eigene Kraftquellen. Die Wahrnehmung dieser Kraft und die Einsicht dafür sind potenzielle Hilfen, die auch über die Astrologie definiert und sinnvoll eingesetzt werden können.

Das Horoskop eines Ereignisses, einer Geburt, eines Landes oder einer Gründung zeigt eine Qualität der Zeit. In dieser Qualität sind potenzielle Entwicklungen enthalten. Zu Zeiten der Aktualisierung, welche durch einen Zeitmaßstab dargestellt wird, kommt es zur Auslösung der enthaltenen Konstellationen. Ein riesiges und interessantes Kapitel sind die Horoskope von Ländern und deren politische Entwicklung.

So hat Österreich einen Waageaszendenten, der durch jahrelange Forschung des Astrologen *Sandor Belcsak* gefunden wurde. Die Gründung beruht auf der ersten Nennung des Namens »Ostarrichi«. Man kann jederzeit nachvollziehen, wie das Horoskop auf Änderungen, Ereignisse des Landes reagiert, wie selbst die Bundespräsidenten in ihrem Sonnenstand diesem Horoskop gehorchen. Die Sonnenstände der Bundespräsidenten überwiegen im Zeichen Waage.

Schlussbemerkung

Ich würde mir wünschen, dass die Astrologie, sinnvoll angewandt, wieder den Stellenwert erhält, der ihr gebührt, und sie befreit wird von Sätzen wie: »Ich glaube daran« – sie hat mit Glauben nichts zu tun. Oder kann man an Mathematik glauben?

Man sollte bedenken, dass man viele Disziplinen erlernen kann, ohne dass sie den Menschen in seinem Bewusstsein verändern. Biologie, Geografie – alles ist eine Wissenserweiterung, die aber kaum die Lebensphilosophie wandelt. – Astrologie setzt einen Nachdenkprozess in Gang, der tiefe Demut vor dem Schicksal auslöst.

In meiner Arbeit gelang es mir, den wissenschaftlichen Beweis für die Synergie zwischen Emotionen und Planetensymbolik durchzuführen. Statistisch nicht nur über Häufigkeiten, nicht über Korrelationen, sondern über Covariationen. Die Mittelwertsvergleiche und Covariationen halten jeder statistischen Kritik stand. Jeder Statistiker wird gestehen, dass dies einen sicheren Nachweis darstellt.

Nachdem ich von der kritischen Seite zur Astrologie fand, war es mir ein Anliegen, diese Beweisführung den ständig immer wieder auftretenden Kritikern und Kritikerinnen der Astrologie vor Augen zu führen.

Ich bin noch immer mit Untersuchungen beschäftigt, sehe aber in der Erforschung von astrologischen Zusammenhängen mit den menschlichen Emotionen und Verhaltensweisen eine echte Chance, die Astrologie eines Tages sinnvoll als Präventivmaßnahme bei vielen Sparten der psychischen und physischen Beschwerden einzubauen.

Ein ausgewogenes, vernunftbeladenes Umgehen mit diesem wunderbaren Instrument Astrologie kann hilfebringend unterstützend eingesetzt werden.

Glossar

Anulare Eklipse: Eine Sonnenfinsternis, in der sich Erde, Mond und Sonne auf einer Geraden befinden.

Äquinoktien: Die Zeiten im Jahr, an denen eine Tages- und Nachtgleiche herrscht (Frühlingspunkt und Herbstpunkt).

Aszendent: beschreibt den Grad im Tierkreis, der im Augenblick der Geburt am Horizont aufsteigt.

Aufgang: Der Punkt, der am Horizont aufsteigt.

Behaviorismus: Ein wissenschaftstheoretischer Standpunkt, bei dem alles naturwissenschaftlich zu beweisen ist.

Drakonitischer Mondumlauf: Dauert 27,21 Tage und bezeichnet die Mondbahn von Knoten zu Knoten (s. Mondknoten).

Ekliptik: Die Projektion der scheinbaren Bahn der Sonne im Verlauf eines Jahres.

Faktorenanalyse: Zeigt die korrelativen Beziehungen eines Merkmals in voneinander unabhängigen Gruppen.

Himmelsäquator: Der Himmelsäquator entspricht der Projektion des Erdäquators. Er bildet die Nulllinie oder den Grundkreis im geozentrisch-äquatorialen System.

Holistisches Weltbild: Beschreibt die ganzheitliche Sicht, die durch die Quantentheorie bewiesen wurde: »Praktisch alles in unserer unmittelbaren physikalischen Umgebung besteht aus Quanten, die vom Anfang des Universums bis in unsere Gegenwart mit anderen Quanten in Wechselwirkung getreten sind wie die Elementarteilchen bei den Experimenten zur Überprüfung des Bellschen Theorems.« *(Kafatos und Nadeau, 1990)*

Impulsion: Einen neuen Impuls geben.

Kulmination: Höchster Stand eines Planeten im Horoskop.

Median: Bezeichnet den Grenzwert zwischen zwei Hälften. Arithmetischer Mittelwert.

Mondknoten: Auch Drachenpunkte genannt. Es sind Knoten des Erdmondes und bezeichnen die Schnittpunkte der Mondbahn mit der Ekliptikebene.

Nadir: Tiefster Stand eines Planeten im Horoskop.

Präzession: Beschreibt die Richtungsänderung der Erdachse.

Quartile: Beschreibt ein Streumaß, wenn mindestens ein Viertel aller Werte größer oder kleiner ist als dieser Wert.

Repulsion: Etwas, was man attraktiv findet, trotzdem mit Zurückhaltung betrachten.

Saroszyklus: Nennt man die Zeitspanne, in der sich Sonnen- und Mondfinsternisse wiederholen.

Sonnenzeichen: Das Tierkreiszeichen, in dem sich die Sonne im Horoskop befindet (Geburtstag).

Transit: Der Planet, der an einem Punkt vorüberzieht.

Wohltäter: Planeten, deren Qualität als positiv beschrieben wird (Sonne, Mond, Venus, Jupiter).

Literatur

Adler, A. (1926). Die Individualpsychologie. Scientia. Fischer.
Belcsak, S. (1979). Kreislauf der Elemente und Ursprung der Häuserbedeutungen. Wien ÖAG.
Couderc, P. (1978). L'Astrologie. Paris. Presses Universitaires de France.
Cousto, H. (1989). Klänge Bilder Welten. Berlin. Simon und Leutner.
Döbereiner, W. (1996). Erfahrungsbilder 6. Aufl. Band 1. München Verlag Döbereiner.
Dotter, K. H. (1993). Astrologie und Reinkarnation. Stuttgart. Edition hannemann.
Ebertin, R. (1974). Kombination der Gestirnseinflüsse. 3. Aufl. Aalen. Ebertin.
Eysenck, H. J. M. (1978). An Empirical Study on the Relations between astrolocical Factors and Personality. Journal f. Social Psychology 105. 229–236.
Fankhauser, A. (1939). Horoskope. Zürich. Füssli.
Gauquelin, M. (1960). Die Uhren des Kosmos gehen anders. Frankfurt. Ullstein.
Green, Liz (1996). Neptun. Die Sehnsucht nach Erlösung. Astrodienst AG. Zollikon.
Hamaker Zondag, K. (1990). Das 12. Haus. Hamburg. Hier und Jetzt.
Hueber, B. (1997). Empirische Untersuchung über den Gehalt astrologischer Symbolik in Übereinstimmung mit erlebter Situation. Diplomarbeit. Universität Wien.

Kepler, J. (1938). Weltharmonik in 5 Büchern. München. Beck Verlag.
Landscheidt, T. (1994). Astrologie. Hoffnung auf eine Wissenschaft. Innbruck. Resch.
Manilius, M. (1. Jahrhundert n. Chr.) Astronomica.
Maschar, A. (1515). De Magnis coniunctionibus. Venedig.
Niehenke, P. (1984). Statistische Untersuchung über Wirksamkeit der astrologischen Aspekte. Stuttgart. Reclam.
Poseidippos von Pella (ca. 310 v. Chr). Komödiendichter in Alexandria.
Ptolemäus, Claudio (1822). Tetrabiblos. Übers. Pfaff J. W. Düsseldorf. Korsch.
Ring, T. (1969). Astrologische Menschenkunde. Bd. II. Freiburg. Bauer Verlag.
Schmid, F. Peter. (1994). Personenzentrierte Gruppenpsychotherapie. Humanistische Psychologie. EHP Edition, Köln
Stark, F. (1985). Astrologie unter der Lupe. München. Kösel.
Waldner, F. (persönliche Mitteilung Dezember 1989).